世界凭什么和平共生

[日]石原享一 著
梁憬君 译

世界知识出版社

前 言

9·11恐怖袭击事件发生后，美国声称向恐怖主义开战而进攻阿富汗，并将战火扩大到了伊拉克，在阿富汗和伊拉克分别投入兵力至今都已超过10年。然而，对阿富汗和伊拉克的当地人来说，战争不仅没有带来和平稳定的生活，还让他们的生命面临危险，使社会陷于更加混乱的境地。“派军队过去，情况就能改善”的这种说法根本无法成立。日本也赞同这一同恐怖主义的战争，为美国舰船供给石油，甚至还向伊拉克派遣了自卫队。以美国为首的各主要发达国家即使付出了如此巨大的生命和成本的代价，得到的结果依然惨痛不已。2009年成立的鸠山民主党政府停止了日本自卫队在印度洋上进行的燃油补给活动，并明确了将致力于向阿富汗提供民生援助的方针。虽然不付诸于行动就没有意义，但这一方针本身还是一个极其正确的选择。

为了达到不依靠武力实现和平的目的，什么方法是有效的呢？本书呈示出的方式之一就是构筑广义和平，克服文化摩擦。日本想像美国一样，用派遣军队的方式来进行国际贡献的做法，简直太缺乏水平和创意了。这并不意味着不加防备地盲从对方，而是要像鹤见和子写的和歌“以暴还暴外，人类无它智？”一样，要更加绞尽脑汁地去探索具有实效性的和平之路。如果从战后日本的社会经济发展的经验来看，哪些是日本独领风骚的领域就自然一目了然了。

即使是从日本与东亚地区重要的合作伙伴——中国的关系来看，日本也有许多事情要去做。环境污染和食品安全问题已经对日本产生直接影响。对日本来说，中国已超越美国，成为其最大的贸易伙伴国。徒劳地煽动对中国的厌恶感，内向的封闭起来的做法也解决不了任何问题。如果希望中国发生改变，必须为此积聚智慧，自己也必须发生改变。这就是为构筑和平共生关系的礼法。

本书是笔者前一拙作《世界往何处去》的姊妹篇。前一本书主要从国际政治和社会经济结构的角度探索了构筑广义和平的可行性，并在该书的最后，笔者以“为了阻止战争和恐怖主义，实现和平，我们能做些什么呢？无论是在工作岗位，还是在社区，或是在学校，如果每个人能在自己的岗位上发挥智慧，就一定能开拓出道路来”作为结束语。以此为承接，本书将从社会文化的领域来论述相互理解和国际交流、国际合作的意义。本书不同于前一本书中主要涉及制度和结构问题，而是主要把焦点集中在作为这些制度和结构实施者的“人”和“文化”上，因为支撑着和平构筑最前线的是人和人之间的信赖关系。

仅靠轰轰烈烈地向海外派遣维和部队来恢复治安，或在国家高层的层次上进行外交谈判并非是实现和平之路。远不如通过日常的经济文化交流，加深互相理解更具实效性，而且长期来看也会成为迈向和平的坚实基础。日本国内的不少人士不是都对近年来偏向排外和加强军备的论调感到腻烦厌恶吗？如果本书所想表达的讯息能够传达给这些人，并能让他们稍稍振作起来，对笔者来说将喜出望外。

本书文中引用或提到的人名全部省略了敬称。参考文献一并附于卷末。

目录

第一章

和平的礼法

一、混乱的阿富汗、伊拉克局势

9·11多起恐怖袭击事件发生以后，美国以反恐为名，从2001年10月开始军事进攻阿富汗，又在2003年3月将战火扩大到了伊拉克。

伊拉克战争爆发后六年，伊拉克平民的死亡人数已达8万～10万。伊拉克难民人数在国外达到200万，国内也有220万。美军方面的死亡人数也有4000人，加上民营安保公司的死亡人数，达到5000人。美国耗费的战争军费在五年间达到8000亿美元（约合80万亿日元）。尽管付出如此巨大的代价，其结果还是惨淡悲痛的。被认为是伊拉克战争大义之所在的“伊拉克拥有大规模杀伤性武器”的说法也只是个谎言。在这场基于捏造的虚假情报而发动的战争中，很多人被杀害，并且是伊拉克方面的死亡人数占绝大多数。美国前总统布什发动的这场战争给伊拉克人民带来的不是自由和繁荣，而完全是悲惨和破坏。

那么，在阿富汗的军事行动又如何呢？这与由美英主导、连联合国的决议都没有的伊拉克战争不同，在阿富汗开展的国际安全援助部队（ISAF）的活动是有联合国安理会第1386号决议支持的，而且还有美国、英国、法国、德国、意大利、加拿大、荷兰、澳大利亚和西班牙等38个国家参加。另一方面，以讨伐清除恐怖组织为目的的“持久自由”军事行动（OEF），虽然同样没有联合国的决议，但美国、英国、法国、德国和加拿大等20多个国家都派遣了军队。把ISAF和OEF加起来的话，驻留在阿富汗的外国军队达到6.6万人。

军事进攻阿富汗已有十多年，但即使投入多国部队也未能实现和平。长期在阿富汗致力于掘井和建造引水工程项目的非政府组织——

“白沙瓦协会”的代表中村哲认为，依靠美军实现的自由其实是“卖淫的自由”、“暴力的自由”、“饿死的自由”、“毒品栽培的自由”。2007年有8000人死于纷争，其中1500人是平民。比较而言，阿富汗处于塔利班统治时期的情况反倒要更好。

2008年9月，在中村的领导下从事引水工程建设和对试验农场进行农业指导的一位叫做伊藤和也的志愿者被杀害了——正是在他努力克服当地的气候和土壤难题，好不容易生产出红薯的时候。伊藤深受当地村民的信赖。估计他是因战乱中治安恶化，被施以抢劫的武装团伙袭击的。

记者白川彻认为，扫荡塔利班的结果是制造出又一个“新塔利班”。这是因为由于美军轰炸和误炸而被杀害的当地平民的遗属们为了复仇而加入了塔利班。此外在反政府势力中还有一些没有工作、为了从塔利班那里获得收入而作战的人。

被称为“阿富汗的史怀哲[①]”的原德军军医莱茵哈尔特·艾莱斯（Reinhard Erös）在过去20多年里，一直在阿富汗开展医疗活动，开办学校和孤儿院。艾莱斯如下说道：

军事派遣乃是一种作秀。耗费5亿欧元（约825亿日元，2002年起德国政府筹集的复兴援助款项）没能给阿富汗带来任何好处。如果是我，都已建成一万所学校了。3000名德国士兵中能外出的仅有400人，而且也没干啥重要工作。士气高昂的士兵们由于不能得心应手地工作而变得灰心丧气，在执行任务四个月后，90%的人不希望再回到阿富汗。

——小谷守彦：《记者的眼睛》，《每日新闻》2007年11月2日

①艾伯特·史怀哲（Albert Schweitzer，1875～1965年）是生于德国阿尔萨斯的一位通才，拥有神学、音乐、哲学及医学四个博士学位。虽然他身上聚集多样的天分，然而他一生的成就还是来源于信仰的动力与博大的爱心。因其常年致力于非洲医疗援助事业，在1953年获得了诺贝尔和平奖。史怀哲虽已辞世40多年，但他仍是全球志愿者们最尊敬、最仰慕的人之一。他以实际行动践行的博爱情怀不断鼓舞和感动着许许多多后来的志愿者去追随他四海为家的人生道路。——译者注

笔者认为这才是真正从地域的实际现场出发的观点。和中村哲一样，艾莱斯也是常年在阿富汗同当地人携手合作的人。中村哲和艾莱斯的行动告诉我们确实存在着不依靠武力、且更为有效的和平之路。

巴以纷争的混乱局势也日益严峻。2009年1月，以色列进攻加沙地带，巴勒斯坦方面的死亡人数达1300人，其中1/3是儿童。在这次进攻中，加沙地区640所学校中的280所遭到破坏，18所完全被毁。而以色列方面的死亡人数仅为13人。由此可见以色列的军事实力处于绝对优势。以色列的极右政党“以色列家园”的党魁利伯曼（Avigdor Lieberman）曾这样说道：“像美国在二战中对日本采取的行动一样，我们也必须继续同哈马斯开战”。利伯曼的这番话极度缺乏对轰炸中无处可逃的民众疾苦的同情和关怀。

太平洋战争期间，美国向日本广岛、长崎投掷原子弹以及对大城市进行的地毯式轰炸明显是意图杀害平民，是违反国际法准则的行为。针对这一美国对平民的大屠杀，日本没有做出任何抗议之举等于是在肯定美国和以色列现在屠杀平民的行为。毋庸置疑，就算谴责美国违反了国际法，也不能赦免日本在战争中对亚洲各国及地区所犯下的侵略和暴行的责任。只有痛彻感受到被害者承受的悲痛的人，才能更加深刻地认识到作为加害者所应承担的责任。

作家村上春树因出席以色列的“耶路撒冷奖”（The Jerusalem Prize for the Freedom of the Individual in Society）颁奖典礼一事，在日本国内遭到一些支持巴勒斯坦的非政府组织的谴责。但是村上在领奖后的致辞中谴责了以色列进攻加沙地区的错误行为，并说道：“当存在着所谓的‘制度’这一高耸坚固的壁垒和以卵击石的鸡蛋时，自己总想站在鸡蛋这一边。”真不愧是翻译了《话说真正的战争》的人。该书由提姆·奥布瑞（Tim O’Brien）撰写，描述了越南战争陷入泥沼的境况。反战的方法多种多样，但像村上这样的行为也算其中之一吧。

奥巴马是在把美军撤兵伊拉克写进其竞选政治公约后才当选美国总统的。而对阿富汗，他却在2009年2月决定向其增派1.7万名美军。此后两年内计划增加驻留美军，达到最大6万人的规模。刚刚就任总统的奥巴马同前任总统布什比较起来，他的许多地方应给予肯定，例如表明同以色列展开对话的必要性和呼吁推进核裁军。然而美国总统都会受到生产、金融、信息、军事安全这四方面紧密结合的结构性权力的束缚。就像国际政治经济学家苏珊·斯特兰奇（Susan Strange）指出的那样，世界上的政治家、商贸企业、科学家和专业人员都在这一结构内部活动，也决定和影响了现有的国际体制。

奥巴马总统在2009年4月的布拉格演说中曾提到“作为唯一使用过核武器的核武持有国所应肩负的道义性责任”。其后又在2009年9月的联合国安理会首脑峰会上作为主席，主导通过了《建设无核武器世界的决议》。虽同是来自美国民主党的总统，克林顿却在1995年突然改口说“没必要为投掷原子弹的行为而道歉。我们只是做了正确的事而已”。与之相比奥巴马就要好得多，所以他荣获2009年诺贝尔和平奖也并非毫无缘故。

因此在日本，大家都期待着奥巴马总统的领导能力，强烈希望他到访广岛、长崎，并采取相应行动废除核武器。时尚设计师三宅一生在他七岁时在广岛遇到原子弹爆炸。他把这一记忆一直尘封在心底从未提起，直到被奥巴马在布拉格发表的关于核裁军的演讲所感动，于是他把写有自己亲身经历的原子弹爆炸体验的书信寄给了奥巴马。这封信还被刊登在当年（2009年）7月14日的《纽约时报》上。此外，还有来自广岛、长崎市民的热情呼吁，奥巴马总统对广岛、长崎的访问或许能够实现。但就废除核武器，绝不能过于依赖美国总统的领导能力，从而丧失日本人民自己争取和平的斗志。在2000年召开冲绳首脑峰会时，《冲绳日报》上登载了一则“No to US Bases!”（对美军基地说不）的整版广告。这是美国的市民团体表示要同冲绳、长崎、广岛及神户的市民一起团结起来的声明。美国和日本市民之间的团结是很有可能的。

格瓦拉和卡斯特罗一起领导了古巴革命，他被认为是“在古巴最受欢迎、最受爱戴的男人”。1959年，作为古巴经济使节团团长来日访问的格瓦拉提出想要访问广岛的期望。但顾虑美国的日本政府对格瓦拉访问广岛的愿望表示了为难。然而，格瓦拉同部下两人悄悄地离开了大阪的宾馆，跳上夜行列车，毅然访问了广岛。在格瓦拉的手记里写有原子弹爆炸带来的惨状令他感到撕心裂肺的字句。他对广岛、长崎如果不进行秘密访问，就会无法成行。这并不是被人强迫，或受人之托才去做的。

在布拉格的演说中，奥巴马总统表明的毕竟只是“道义上的责任”，而并非“国际法上的责任”。正如前广岛市市长平冈敬指出的：美国的目的是为防止核扩散，而不是废除以本国为首的核武拥有国的核武器。同历届总统一样，奥巴马也仍然只是站在美国如何保持霸权地位的一种实力策略的立场上。

美国对待核武器的双重标准并不是现在才开始的。1968年在签订《核不扩散条约》（NPT）时，美国就默认了核不扩散条约非成员国以色列拥有核武器。核不扩散条约成员国伊拉克则在1981年1月接受了国际原子能机构(IAEA)的调查。然而同年6月，以色列轰炸了伊拉克的奥斯拉克核反应堆。虽然联合国安理会通过了谴责以色列的第487号决议，但后来欧美各国仍然继续默许以色列拥有核武器。而对核不扩散条约成员国的伊朗，却以违反IAEA的调查协定为由对其实施了制裁。如果对研发核武器国家进行制裁的话，那么不仅是伊朗，对以色列也应该实施制裁。2013年9月，美国奥巴马政府承认耶路撒冷为以色列的首都。耶路撒冷不仅是犹太教、基督教、伊斯兰教共同的圣地，还是巴勒斯坦和以色列之间常年持续纷争的城市。国际上还未承认耶路撒冷是以色列的首都。从美国率先承认其首都地位的行为中可以看出奥巴马政府偏袒以色列的态度。

奥巴马总统并没有脱离美国一直以来的外交、安保政策框架，这一事实也可从奥巴马政府的阵容中看出来。国防部长罗伯特·盖茨(Robert Gates)是前布什政府的留任，而且还是一位曾先后担任过美国中央情报局（CIA）和国家安全保障委员会（NSC）官员的军产复合体[①]的中心人物。日本的民主党虽然赢得了2009年8月的众院选举，但民主党的政治公约之一是重新考虑搬迁冲绳美军普天间机场[②]的计划。对此，盖茨极其冷淡地说道："并无遵照协议的打算。"当日本

①军产复合体（Military-industrial complex，MIC）是指以军需产业为中心的企业和军队，以及政府机构之间形成的政治性、经济性、军事性的一种势力联合。艾森豪威尔总统（1953～1961年在任）在退任时就担忧美国的军产复合体将会巨大化所作的发言则众所周知。——译者注

②在1996年12月举行的日美安全保障委员会会议上，日美通过了关于冲绳美军基地问题的最终报告和普天间机场问题的附加文件。在普天间基地搬迁问题上，双方同意设立日美"普天间机场转移实施委员会"，在以后的五至七年里建成完善的替代设施，在可以投入使用后归还普天间机场。日本政府提出在冲绳县名护市建设美军海上航空基地，但遭该市大多数人反对，替代机场一直没有动工修建。此后10年间两国就普天间机场迁址问题一直争执不休。2006年5月，日美两国就驻日美军整编达成最终协议，决定将普天间基地转移至冲绳县名护市的美军施瓦布军营沿岸地区。2009年9月，日本民主党联合社民党和国民新党上台执政。民主党上台前一直表示要将普天间基地转移至冲绳县外或国外，但上台后却在这一问题上摇摆不定。而社民党对普天间基地原转移方案表示强烈反对。美方则要求日方执行原有的转移计划，称普天间基地不转移，驻日美军就不会进行整编。日美关系因此产生波动。——译者注

海上自卫队在2007年11月暂时退出印度洋燃油补给行动时，要求（日本）“不是数月，而是数周内再度开始”的人也是他。而担任国防部副部长的威廉姆·林恩（William Lynn）曾在克林顿政府的第二个任期内担任国防部二把手（负责国防部预算控制的最高官员），2002年起又任职世界第五强的军工企业——雷神公司（Raytheon Company）的副总裁。雷神公司即是在海湾战争中因研发拦截导弹用的“爱国者”导弹而名声大振的那家公司。

在美国存在着企图靠战争大捞一笔的阶层。美国股价，2000年道琼斯平均股价是在10000～11000美元左右。而到2002年10月，由于安然公司（ENRON）以及大型会计师事务所的会计造假被发觉，导致股价下跌至7286美元。然而2003年3月开始进攻伊拉克后，股价掉头朝上，在2007年10月达到1.4165万美元的峰值。军事产业所制造的武器每台售价昂贵，武器出口对美国来说是一个巨大的收入来源。美国的军费占全世界军费总额的半壁江山，在其军事产业和新保守派（Neoconservatism）之间形成了紧密的人脉关系。在美国确实存在着一种把战争作为经济景气兴奋剂的政治经济形态。

在被派往阿富汗及伊拉克战场的士兵当中，许多是贫困阶层青年。这是因为退役后他们能获得免缴大学学费的特殊待遇。乔·威勒(Joe Wheeler)是“伊拉克退伍军人反战协会”（IVAW）的成员，他还曾为呼吁美军立刻撤兵伊拉克而到访过日本。2000年为偿还大学的奖学金，他加入了美国陆军。2003年他的大女儿出生，但女儿出生两天后他就被命令奔赴伊拉克。从伊拉克战场回来后，他患上了创伤后应激障碍（PTSD[①]），忍受着失眠和病理性幻觉重现的病痛折磨。

①PTSD（Post-traumatic stess disorder）是指由于异乎寻常的威胁性或灾难性心理创伤，导致延迟出现和长期持续的精神障碍，主要表现为病理性重现、噩梦惊醒、持续性警觉性增高和回避，以及对创伤经历的选择性遗忘和对未来失去信息。——译者注

此外，他的一个战友因在伊拉克射杀了一位手持手榴弹向其靠近的少女，至今仍时常被自己女儿额头上冒出汩汩鲜血的幻觉所袭扰。

正如上世纪80年代中期登上全美热门金曲排行榜首位、风靡一时的摇滚歌手布鲁斯·斯普林斯汀（Bruce Springsteen）在*Born in the U.S.A.*和*War*这两首歌中唱到的一样，贫困阶层的青年由于生在美国而被送往战场去杀人，最后连自己的命也丢了。这场战争既不是为了实现什么正义，也没有任何的意义。战争夺去无辜人的生命，泪水朦胧了许多母亲的眼睛。虽然斯普林斯汀的歌是以越战为题，但即便已过去三四十年，美国仍在重复着同样的错误。

越战期间曾实地采访过越南的作家开高健，在其小说《透亮的黑暗》里，通过一位美国老人之口说了如下一段话：

美国士兵们认为自己本来是豁出性命来保护他们（越南人）的，却不但没得到他们的感谢，反而尽遭到漠视和憎恶因而焦躁起来。并且同伴们一个个被杀，所以开始考虑起复仇来。这不就是堕落的开始吗？复仇并非征服。这是一种毫无前途的感觉。无论什么军队一到了国外就会堕落。肯定会堕落，从来都是如此。查理他们一个个被杀，一个个堕落。这会导致形成解放统一战线的力量。这难道不是我们的傲慢造成的吗？这不就是傲慢、无知、侮蔑、恐怖、无神论的回报吗？

2009年12月1日，奥巴马总统宣布要把增派阿富汗的美军从之前的1.7万人扩大到3万人，使驻留美军的规模达到10万人。一方面宣称要从2011年起撤兵，另一方面又在增派军队，扩大当前在阿富汗的战线，完全是个充满矛盾的战略。这一决定表明美国又在继续重蹈越南战争的覆辙。

同年12月10日，奥巴马总统在诺贝尔和平奖颁奖典礼上以“Just and Lasting Peace”（正义且持久的和平）为题发表了演讲。其内容大致如下：

马丁·路德·金牧师曾说过“暴力无法带来和平”，但在现实世界里，“恶”是存在的。（我们）无法通过对话来说服基地组织领导人解除武装。二战后的60年间，美国用公民的鲜血和军力维护了世界的稳定，这是毋庸置疑的事实。虽然战争必定伴有人类的悲剧，但使用武力从人道主义上也有被认为是正当的例子。战争这一手段也有维持和平的作用。

对于奥巴马的这段演讲，笔者不禁在以下几点上深感失望。

第一，奥巴马对于在越南战争、智利阿连德（Allende）政府的倒台、巴勒斯坦问题上偏袒以色列等事件上美国不断搅乱二战后的世界和平，以及至今仍在发动战争的历史事实欠缺最基本的思考和反省。“美国从未同民主主义国家开战”之类的说法实在无法成立。

第二，奥巴马通过把用武力进行人道主义介入的必要性作为普遍论来阐述的方式，是想把在阿富汗和伊拉克爆发的现实战争进行正当化。但这些地区的人道主义介入非但未能成功，反而杀害了众多平民，破坏了他们长年生活的居所，使得当地民众陷入比战争爆发前更为悲惨的境地。

奥巴马总统谓之正当化的“创造和平的战争”同前总统布什宣扬的“正义的战争”实质上没有任何差别。

二、美国的军产、金融的复合体

布什政府时代，军产复合体的中心人物手握政治和金融的实权，明目张胆地走上了战争之路。广濑隆对此较为熟知，在其大作

《红盾——罗斯柴尔德家族（Rothschild）之谜》中讲述了罗斯柴尔德家族财阀持续两百年的财富与权力的历史。罗斯柴尔德家族财阀是自19世纪初法兰克福一家犹太人货币兑换商，罗斯柴尔德家的五兄弟开始崭露头角，最终成长为支配全世界金银珠宝贸易和投资银行的国际金融资本巨鳄。以伦敦和巴黎的罗斯柴尔德银行为中心，华宝银行（S.G.Warburg，合并入瑞士联合银行）、雷曼兄弟公司（Lehman Brothers）、高盛集团（Goldman Sachs）、所罗门兄弟公司（Salomon Brothers，同花旗集团合并）、兆富证券有限公司（Smith New Court Securities Ltd，同美林证券合并）等都属于这一集团。他们通过同其他金融机构的合并来扩大集团，最后执掌了现代的国际金融。英国罗斯柴尔德集团的贸易公司——怡和洋行（Jardine Matheson Holdings Limited）还垄断了中国清朝、民国时期的对华鸦片贸易，积累了亿万财富，至今在香港岛仍拥有圆窗并排的大楼，进行着对华投资。

奥巴马领导的新政府在财政金融上也仍然延续着布什时代的人脉关系。担任财长的蒂莫西·盖特纳（Timothy Franz Geithner）此前曾作为纽约联邦储备银行行长监管华尔街，他对次贷危机的爆发负有很大责任。任命盖特纳为纽约联邦储备银行行长的是2003年担任美国联邦储备委员会（FRB）选举委员会主席的彼得·彼得森（Peter Peterson）。彼得森自1973年起就任雷曼兄弟公司总裁职位。正如大家所知，雷曼兄弟公司作为次贷危机元凶之一，是最先破产的一家金融机构。奥巴马的政府经济复苏顾问委员会主席就是前美联储主席保罗·沃克尔（Paul Volcker）。2002年10月9日安然公司破产导致的股价暴跌与大型会计师事务所安达信公司（Arthur Andersen）的会计造假密切相关。作为审计委员会委员长被派往该公司，掩盖安达信造假行为的就是沃克尔。

罗斯柴尔德集团金融资本在日本的统治也是根深蒂固。成为日本泡沫经济崩溃契机的是1990年1月4日的股价暴跌（所罗门危机[①]）。这是由于花旗集团下属的所罗门兄弟公司因期货交易而大量抛售股票所导致的。如果采取一直以来的现货交易和信用交易的话，手头没有股票就无法卖出。而采用期货交易的方式，只需少量保证金就可进行数倍的交易，即使手头没有股票也能进行炒卖。

2005年，日本活力门公司（Livedoor Co., Ltd.）的“堀江门”[②]（社长堀江贵文）开始收购日本（NIPPON）广播公司（包括产经新闻、富士电视台在内的广播公司）的股票时，提供这笔资金以供同活力门公司的MSCB（附带转换价格修正条款的转换企业债券）进行兑换的就是前面提到的雷曼兄弟公司。如果依据转换价格修正条款，当活力门的股价下跌时，雷曼兄弟就能把认购的企业债券兑换成相应额度的活力门的股票。于是，雷曼兄弟首先从堀江社长那里借入4672万股活力门的股票后在市场上抛出，使活力门的股票暴跌。然后把认购的活力门的企业债券兑换成活力门的股票。这时就能多换到股价下跌那部分的股票。最后，雷曼兄弟用到手的活力门股票偿还从堀江社长那里借入的股票份额。最终堀江因涉嫌伪造有价证券报告书

---

①日本于1988年9月起在东京证券交易所和大阪证券交易所引进股价指数期货交易。1989年又设立东京金融期货交易所，开始进行金融期货、货币期货的交易。期货交易由于只需缴纳少量的保证金就能进行数倍的交易，所以投机的成分较强。日本引进期货交易正是在泡沫经济鼎盛时期。当时股价异常偏高，投资家之间也对股票价格产生不安情绪。在这种状况下，1990年1月4日美国的投资公司所罗门兄弟公司以股票期货交易的方式开始抛售，由此日本的股价开始暴跌，日本的泡沫经济崩溃。这一事件在证券行业被称为“所罗门危机”。——译者注

②原本是活力门公司社长堀江贵文所有的赛马的昵称，被媒体多次报道后就作为堀江贵文的代称来使用。——译者注

而被捕，活力门公司随之破产。而雷曼兄弟则靠高价时抛售的股票大赚了一笔。

2008年，松下公司旨在同经营困难的三洋公司进行合并而开始磋商收购三洋的股票。但三洋的大股东高盛集团则要求以高价收购，松下的收购方案因此搁浅。这对三洋公司的员工来说是事关今后工作饭碗留存的重大合并，但国际金融资本对此却没有丝毫的顾忌。高盛集团在2009年第二、第四季度里业绩恢复到此前的最高盈利。上半年员工的平均收入也恢复到了两年前水平。虽然美国经济很不景气，失业率甚至超过9%，但成为次贷危机元凶的金融资本的崛起却是相当的迅速。

美国最大的商业银行——Citibank也同前面提到的罗斯柴尔德财团的金融资本有着千丝万缕的联系。虽然Citibank在2008年因次贷危机导致经营破产，但从政府那里得到3000亿美元的巨额保证资金后起死回生。盈利时，能充分地享受私有经济的恩惠，艰难时，又能不顾体面地依靠国家。顺带说一下，“Citibank”汉语叫做花旗银行。花旗即美利坚合众国的国旗。要追溯花旗银行历史的话，它是源于美国为了从清政府那里获得义和团运动的赔款而于1902年由美国政府设立的在华国库代理银行发展演变而来的。该银行至今仍然延续着帝国主义的源流。

制定奥巴马政府政策框架的是总统白宫办公厅主任拉姆·伊曼纽尔（Rahm Israel Emanuel）。他在2000年被当时的克林顿总统任命为住房金融公司——房地美（Freddie Mac）的董事。这家公司也是次贷危机的元凶之一。伊曼纽尔此后以民主党身份当选为下院议员，掌管该党的选举委员会。他继承犹太复国主义（Zionism），敌视阿拉伯人和伊斯兰教徒，站在新保守派立场上支持布什攻打伊拉克。正是由于他拥有通达国际金融黑帮组织的资金筹集渠道，所以在选战中为民主党的获胜做出很大贡献。支配美国，甚至国际社会的结构性权力就这样将其强大的网络触角布满整个世界。与这种结构性权力相抗衡的道路并非易事。

同时还是民主党国家安全保障政策智囊的国际政治学家约瑟夫·奈（Joseph Samuel Nye，Jr.）则提出不依靠一直以来的“硬实力”（军事力、经济实力），而是强调“软实力”（文化和制度的魅力）重要性的一种观点。近年来，他又把软实力的理论进一步拓展为“smart power”（明智且均衡的综合实力或巧实力）的理论。这一理论在想要摆脱布什政府时期偏重武力政策的这点上具有一定的进步，但仍未逃脱由美国掌握国际政治主导权的思维方式。

尽管美国在军事实力上保持着霸权国家的地位，但在经济方面正不断丧失以往的实力。其财政和贸易的双重赤字不断膨胀，海外购买的美国国债已达6.22万亿美元（2015年1月）。其中，位居首位的中国和紧随其后的日本分别购入19.92%和19.91%。只要美元作为世界基础货币还在通用，一旦美国难以偿还国债，只用发行美元还债就可以解决。这种由发行通用货币取得收益的行为叫做铸币特权。美国没能抵住行使这一铸币特权的诱惑，于1971年断然停止美元和黄金的兑换，此后依靠巨额贷款来支撑庞大的军事开支和富裕的消费生活。

苦于双重赤字的美国最害怕的是作为基础货币美元的地位发生动摇，所以为了维护美元的地位甚至不惜动用武力。海湾战争后，伊拉克遭到经济制裁，石油必须经由联合国来进行销售。2000年9月，伊拉克的萨达姆·侯赛因宣布以欧元来结算石油销售货款，而不是美元。

此举激怒了美国。萨达姆被捕后被匆忙处死的原因之一也在于此。

欧盟在1999年成立了欧洲货币联盟（EMU）。2000年4月，英国、德国大幅减持美国国债。2001～2006年间，欧元对美元的汇率上升了40%，欧元成为世界上最强的货币。另一方面，中国和日本持有巨额的外汇储备，其中约7成被用来购买美国国债。再看外汇储备运用上各国黄金持有量的比率（括号内为黄金持有量），相对于美国77%（8100吨）、德国69%（3400吨）、意大利67%（2500吨）、法国71%（2400吨）这些高持有率国家，中国1.9%（1000吨）、日本2.3%（770吨）则是相当低的。为规避美元贬值的风险，许多发达国家都已采取措施，但中国和日本仍然依赖美元。如果美国经济破产，美元贬值，中国和日本都将蒙受巨大损失。拥有巨额美元资产的中国和日本都须防范美元贬值，由此而陷入了必须继续购买美国国债的圈套之中。相反，美国在大量持有黄金的同时又在发行国债，不断地贷款。贷款一旦过于庞大，借款人就会比放贷人更加厚颜无耻。

美国总统首先考虑的是本国的安全保障、本国的利益，绝不可能牺牲美国的安全保障和利益来保护日本的安全。2009年3月，两名美国女记者在朝鲜被扣押，并被判处劳动改造12年。这时，美国暗地里展开交涉，8月5日，经过时任总统克林顿和金正日总书记的会谈达成对这两人实施特赦的协议。这一迅速且积极果断的行动震惊了世界。与此相比，日本政府虽然宣称把解决“绑架问题”①作为最优先课

①朝日“绑架问题”即所谓的朝鲜“绑架日本人事件”。据日本警察厅公布的材料，从1977年9月至1983年6月间有11名日本人先后失踪，后来证明这些人都生活在朝鲜。日本因此指责朝鲜实施了绑架。2002年9月，在朝日首脑会谈时，朝鲜承认曾实施绑架，把日本人绑架到朝鲜专门用来教授朝鲜特工日语及日本日常生活习惯，并对此正式表示“遗憾”。根据朝鲜方面提供的名单，这些被绑架的日本人共有13人。其中5人已于2002年返日，另外8人朝鲜方面称已死亡。但日本要求朝鲜提供这8人死亡的证据，并在2002年10月向朝鲜递交了一份另外4名“失踪人员”名单。朝鲜认为目前朝日“绑架问题”已完全解决，但日方认为尚未解决，多次向朝鲜提出要求。朝鲜认为日本是以此问题为两国关系正常发展设置障碍。——译者注

题，但仅仅依靠“六方会谈”的进展和美国的对朝政策，自己却没有采取任何有效措施。

战后日本的外交和安保政策似乎不是立足于“对发动战争深表反省”的立场上，而是立足于“不该战败”的一种“悔恨”之上，认为日本不是错在对亚洲发动侵略战争，而是错在同强大的美国开战。这实际上是一种欺软怕硬的卑劣思维，所以战后日本外交的前提条件就是只要追随强大的美国就是安全的，首要的是同美国的“同盟关系”（实际是处于美国的核保护伞下）。在这点上，日本完全处于一种思维停滞状态。

就冲绳普天间基地搬迁问题，民主党的鸠山政府仅仅只是提出要重新考虑，就有些人哀嚎日美同盟即将崩溃。日本讨好美国甚至都已经到了一种令人怀疑日本是否还是个独立国家的地步。因为仅仅提出一个基地的搬迁问题就崩溃的“同盟关系”也未免太过单薄脆弱了。然而，无论日本怎样贴近美国，美国仍旧只按自己的思维行动。无论是1996年美国国防部副部长助理约瑟夫·奈提出的“安保再定义”①，还是2000年和2008年的《阿米蒂奇报告》②全都如此，都是以美国在亚洲

---

①1996年4月17日，桥本龙太郎首相和克林顿总统发表了《日美安保共同宣言》。在受冷战后局势的变化，把《日美安保条约》置于何种地位上，这一宣言又称“日美安保再定义”。主要有三项内容：（1）把目的从应对“苏联的军事威胁”变更为维护“亚洲、太平洋的和平和稳定”；（2）再次确认要在日本周边部署现在的10万美军；（3）修改《日美防卫合作指针》（1978年），在翌年的新指针中完善了确保“周边事态”安全的条件。克林顿政府的国防部副部长助理约瑟夫·奈对《日美安保共同宣言》的发表有很大的功劳。2000年和2008年的《阿米蒂奇报告》虽是由布什政府的副国务卿理查德·李·阿米蒂奇（Richard Lee Armitage）主导的，但约瑟夫·奈也参与了。这些宣言和报告全是以“日本是美国参与亚洲政策中的重要基石，日美同盟是美国的世界安保战略的核心”为大前提。——译者注

②美国前副国务卿阿米蒂奇和前国防部长助理约瑟夫·奈牵头撰写的《美日同盟——迈向成熟的伙伴关系》（2000）和《美日同盟——让亚洲正确迈向2020》（2008）。两篇报告相同的是一如既往地维护美日同盟在美国亚洲战略中的核心地位，强调日本对美国的重要性。不同的是，第一份报告着眼于纠正克林顿政府后期忽视日本的倾向，力求巩固美日同盟的根基，就推进美日防卫领域合作提出具体建议。后一份报告则更具战略性和前瞻性，开始超越美日双边关系，为美日同盟发挥地区乃至全球作用勾画蓝图。——译者注

和太平洋地区的安保战略为重。日本只不过被美国视为这盘战略中一枚“重要的棋子”（希拉里·克林顿，2009年1月）而已，根本不是以平等的同盟关系等来判断对待的。美国政府对本国的事当然是果断行动，而没有必要为他国尽情义，或牺牲本国国民。日本难道还没有从1972年尼克松总统访华（尼克松冲击）中充分认识到这一点吗？朝鲜的绑架问题只能靠日本人自己的智慧和行动去解决。

和日本一样，韩朝之间也存在着绑架问题，但不同的是韩国为打开局面采取了许多措施。在金大中、卢武铉两届政府对朝鲜采取友好外交的“暖阳政策”之下，韩国财阀现代集团同韩国政府齐心协力地着手朝鲜开发项目。后来的李明博政府对朝鲜则采取强硬姿态，加上2008年7月发生的枪杀韩国游客事件的影响，双方停止了交流。但2009年8月，现代集团的玄贞恩会长同金正日举行了会谈，达成以下五点协议：（1）尽早再次开放金刚山旅游；（2）取消南北间陆路往来的限制；（3）搞活开城工业园区项目；（4）开发白头山旅游；（5）在10月份的中秋节期间，在金刚山举行离散家属团聚。同时，在玄贞恩会长的努力下，还实现了释放因“批判朝鲜政治体制”而被朝方扣押的现代集团下属企业的员工。比起像日本政府那样宣称实施经济制裁、紧密封锁的做法来，像韩国一样探索各种解决策略的做法更加为之有效。截至2009年，已有100家韩国企业入驻开城工业园区，雇用了3.7万名朝鲜籍员工。如果对外开放和经济文化交流不断深化，朝鲜的信息管制也会崩溃，国际化和市场化即使抵触也会不断地发展。最终朝鲜的现有政权和个人独裁的闭锁体制将无法持续。如果这样的话就不得不进一步推进改革开放，同国际社会相协调。中国改革开放后的变化正好说明了这一过程。

三、创造和平的智慧

一提起就算依靠和美国的同盟关系，日本的安全也并非就能得到保障的这一话题，就马上有人以此为据，主张日本应该拥有核武器和加强军备。这也是一种浅薄的思维。患有“武力依赖症”的人不明白行使军事实力只会带来悲惨和破坏，也不明白如果各国都以核武器的压制力理论来追求安全保障的话，就会导致世界范围的核扩散，最终演变为军备竞赛。

已故美国著名经济学家J.K.加尔布雷思（John Kenneth Galbraith）作为肯尼迪总统的顾问有着巨大的影响力，他还担任过驻印度大使等职。加尔布雷思对美国向越南派兵就持反对立场，曾对肯尼迪说：“对话与磋商并不是懦弱的行为，而是坚强勇敢的。”在北欧有些国家就没有核武器，近200年间也未发生过战争。如果从日本所处的地理位置及历史来考虑，日本应该不仅同美国，还要和亚洲各国及地区一道为构筑和平共生的关系而集中智慧去共同努力。拥有核武器和加强军备不应该是日本选择的道路。

笔者个人既反对战争,同时也反对恐怖主义。理由有如下四点：

第一，靠战争获利的是军工产业和相关的贸易公司、金融机构。被战火逼得无处可逃、受尽苦难的却是广大的普通民众。

位列世界军费前五位的国家分别是美国、中国、英国、法国、俄罗斯这五个联合国安理会常任理事国。接下来第六位是日本，第八位是德国，第十位是意大利，这些二战中的战败国紧随其后。美国的军费为6400亿美元，大大超过第二位的中国（1320亿美元）和其后的国家（2014年）。美国、俄罗斯、法国、德国、英国位列武器出口前列，武器进口上排名靠前的则是中国大陆、中国台湾、印度、土耳其、沙特阿拉伯。中国的大陆和台湾目前仍未统一，但双方都曾主张一个中国。尽管笔者个人认为大陆和台湾与其在武器进口上耗费巨额财政预算让美国和俄罗斯大赚一笔，还不如双方互相削减军费，把这些资金用于充实各自的社会性共同资本以及贫困地区的发展上更加具有建设性。

越南战争中，有1900万加仑（约7600万升）的枯草剂被撒播到南越12%的土地上。其目的在于把这些枯草剂撒播到那些被认为是同情北越的村庄和农田里，让当地村民饿死，或是让他们转移到城市和收容所以便更容易地控制他们。于是，在越南出现了很多残疾儿童以及饱受后遗症折磨的民众。美军士兵里也有人退役后患上霍奇金恶性淋巴瘤和癌症。然而，美国疾病预防管理中心却提交了一份否定这一现象与枯草剂存在着因果关联的报告。孟山都公司（Monsanto Company）和巴斯夫股份公司（BASF）这两家化学药品公司也就二恶英对人体造成危害的问题通过隐瞒试验对象死亡人数的作假方式来证明其无害性。“祈求和平的越战退伍士兵协会”会长戴维·克莱因（David Klein）说了如下的一番话：

美国的对外政策是为了某些企业的利益。人权呀，民主主义都只不过是幌子而已，都是为了大赚一笔而开战。

真是可笑！什么大规模杀伤性武器，什么萨达姆·侯赛因，我不知道世上还有哪个国家比美国使用了更多的大规模杀伤性武器，广岛、长崎的原子弹爆炸，以及越南的枯草剂。假装正义人士，批判其他国家，却无视自己和自己政府的所作所为。

——坂田雅子：《花儿去哪了——遭受枯草剂毒害的格雷格的生与死》

在日本也有一些人靠武器销售尝到了甜头。防卫省的事务次官守屋武昌在2001年后的五年间，同妻子一道一年数十次地接受了防卫专业商社——山田洋行招待的打高尔夫球（每次平均5万～6万日元的打球费用和餐饮费）。同一时期，山田洋行也得到了下一代运输机（CX）引擎部分等价值190亿日元的订单。

第二，很难说恐怖主义是邪恶的，而报复战争就是正义的。国家和立场发生了改变，善恶也会随之转换。伊藤博文是明治维新的中心人物之一，曾历任首相、枢密院议长、贵族院议长，1905年还就任韩国统监，在日本被许多人视为伟人（其实，在日本也有人认为伊藤博文是个擅长权谋数术的冷酷之人而讨厌他。塙保己一是撰写《群书类从》一书的盲人国学家，他在德川幕府的保护下在和学讲谈所进行讲学。塙保己一的儿子塙次郎在1862年被伊藤博文当做“奸贼”暗杀。这是因为有传闻塙次郎曾进行过天皇废帝的古代典章制度的相关调查研究）。在1963～1986年的20多年间，伊藤的肖像曾被印刷在1000日元的纸币上使用。在日本如此被认为是历史伟人的伊藤博文于1909年在中国哈尔滨的火车站被开展朝鲜独立运动的安重根所暗杀。这个安重根在当时的日本看来是个恐怖分子，而在朝韩则被视为义士。同伪满洲日军进行战斗的游击队队长杨靖宇在中国就是革命英雄。武元甲作为越南人民军总司令，1954年在同法国军队进行的奠边府决战中取得胜利。如果阅读他的著作《人民的战争、人民的军队》一书，就会明白越南青年为何会参加同美法的艰苦卓绝的游击战争。虽然美法都标榜自己是老牌正宗的民主主义国家，却妄想对越南实行帝国主义统治。民族解放的正义在游击队一方。

第三，战争和恐怖袭击会给对立的双方带来仇恨的连锁反应。圣雄甘地说过：“如果总是以眼还眼，以牙还牙地互相报复，世界就只剩下瞎子和满口无牙的人。”敌对双方的好战派妄想煽动对敌仇恨，扩大己方组织和权力。仇恨的连锁反应一旦启动，再要想停止战争就变得异常困难。

第四，恐怖分子想要打倒的真正敌人是无法靠恐怖袭击打倒的。成为恐怖活动牺牲品的只是贫困阶层的年轻士兵、平民。掌握着国际政治经济结构性权力的那些人老早就制定好了反恐对策。

战争会使人们陷入疯狂，通常的准则和道德都将不复存在。在祖国原本是慈父、孝子的人们到了战场上则会变成残暴无情之人。因报道越南战争而著名的摄影家石川文洋最近撰写的著作中刊登有这样一幅照片：一个美军士兵单手举起被炮弹炸得仅剩头部和胸部的一具越南人民军战士的残尸，炫耀着自己的战果。“这个手举尸体的美国士兵回归家庭的话，想必也是个温柔的丈夫、慈祥的父亲吧。如果没有战争，那些战死的士兵们也会是和家人一起生活的农民。杀人者和被杀者都被战争夺去了作为人的尊严。”（石川文洋）

二战中，不光侵略别国的日军在亚洲各地恣意妄为地实施暴行，苏军也在跨越国境之后判若两人。柏林陷落时，许多德国妇女成为苏军士兵性暴力的牺牲品。即使在伪满洲国，日本妇女也成了受害者。铃木政子10岁时，和当教员的父亲一起在伪满洲迎来战争结束。政子全家九口人被收容到一个原是棉花加工厂的地方。这里收容有大约500个日本人。一到晚上，就有年轻女子被苏军士兵带走，甚至有些人就在政子等人的面前被当众强奸（《朝日新闻》2009年9月23日）。

住在岛根县滨田市、89岁的鹿田政夫在某次集会上谈起自己的战争体验。鹿田曾经工作过的商工会议所的职员等朋友也都来参加。

在军队里被殴打之类的事就不提了。但一提起自己曾犯过这种罪行，就止不住地流泪。特别是我曾经命令部下捅死一位正在生病的女孩。女孩父亲赶紧上前阻止部下动手，于是我把这位年迈的父亲踢倒在地，让部下射击。就这样杀了她……父亲发了疯似的挣扎反抗。我们一把抓住他，把他扔了出去……这种事是没法坦然说出口的……后来去了会议所，人家就说了。他们对我说："真没想到鹿田你会做出那样残暴的事。但是真的很佩服你能把这种事说出来……所以……我们会比以前更加信任你……尊重你。"鹿田一直哭着说。我也跟着一起哭了。

——福冈贤正：《问和平》，《每日新闻》2008年2月6日

战争无法解决对立和纠纷。那么，为了不依靠武力和战争而实现和平又该如何去做呢?

在和平的概念中，有"狭义和平"和"广义和平"之分。"狭义和平"是指无战争的状态。也就是当发生纷争和战争时，通过派遣联合国部队使之停战或休战就能实现的状态（"维持和平"或"强制和平"）。但动用武力使之停战或休战，引发纷争的根源并不会因此消失。要想实现长治久安必须彻底根除引发纷争和战争的原因。此外，一旦发生军事冲突，双方就会产生仇恨的连锁反应，再想阻止战争就变得极其困难。纵观历史，派遣联合国部队和多国部队实施的维和行动并不一定都会成功。

而"广义和平"则是指没有贫困、饥饿、压迫、排外和歧视，环境、福祉和教育充实完善的一种状态。这一概念与研究和平学的泰斗约翰·高尔通（Johan Galtung）所提出的"积极和平"相通。为实现这一目标，必须根除引发纷争和战争的原因，实现区域社会长期的稳定和发展（"构筑和平"），即日常性构筑和平的基础。

用普通的方法构筑"广义和平"是行不通的。根据引发纷争和战争的根源，解决方法也是多种多样。当存在民族主义和民族的对立，或是意识形态和宗教的对立时，进行各界各阶层的对话、经济文化交流，以及和平教育就能发挥重要作用。而针对全球化、大国的统治、

军事产业的利润追求及武器出口、军事独裁政府和激进派施行的暴力问题，就必须采取在国际协调下派遣和平监督团、和平谈判的调停、裁军及禁止武器出口、废除地雷等措施。对围绕石油、水、矿产等资源的对立，围绕贸易和直接投资的摩擦，围绕领土领海的纷争等，希望能探索出外交谈判、经济合作、强化相互依存关系、构筑区域共同体等解决方向。在政府职能的崩溃、环境破坏、贫困和差距等问题上，完善社会性共同资本、培养行政职员和技术人员等人才、提供环境技术、支援教育等措施是积极有效的。

这样一写可能会出现反对观点，认为为了镇压武装势力必然需要军事实力，为了进行人道主义介入就不可避免地需要派遣军队。就此问题，必须事先明确以下三点。

第一，一旦爆发战争，就算派遣军队也难以阻止战争。在正在爆发武力冲突和纷争的地区，使其停战，恢复治安时，需要军事力量也是有可能的，但派遣军队并成功使之停战和恢复治安的例子几乎没有。试想一下，派遣一些既不懂当地语言、又对当地历史和社会文化一无所知的士兵，究竟能进行怎样的人道主义介入呢？面对以杀敌为己任的持枪士兵，当地人能与他们心意相通吗？就算打着人道主义介入的旗号派遣军队，也极有可能是增加新的死亡人数，带来新的人权侵害。这些都是历史的事实。在派遣了联合国部队的索马里和卢旺达都以失败而告终。在阿富汗和伊拉克也有众多平民由于军事进攻而死亡。即使多国部队成功地武装镇压了反对势力，这一过程中也会有很多平民伤亡，沦为难民。付出如此巨大的牺牲和代价，事态却和军事进攻前相比并没有多大变化，甚至可能比战前更加恶化了。

武内进一的心血力作《现代非洲的纷争和国家》一书把卢旺达截至1994年大屠杀的过程分为沦为殖民地前、殖民地时期、独立以后三个阶段，并对此进行了历史性分析。武内认为在这些纷争中民族性（ethnicity）被政治化，大量发动平民导致了大屠杀。但其根源还是在于独立后的后殖民主义（post-colonial）家产制国家①（领土、人民和财产归君主所有的国家）实行的暴力且恣意妄为的统治，以及把在国际关系上获得的资源用于国内统治的一种体制上。此外还与发达国家为了本国利益而扶植反政府势力、发达国家的一些企业助长了非洲各国政府贪污腐败的事实有关。没有透彻了解纷繁复杂的当地社会的实情就冒然莽撞地派遣军队，非但不能带来和平，相反是火上浇油。“发达国家有必要深刻反省自己插手非洲事务的现实。”（武内进一）

如果使用武力是既无效又不明智的办法，那么在正爆发战争和纷争的地区，没有军队又能做些什么呢？粮食和生活物资的援助、医疗救助、接收难民等能做的事比较有限。与其投入军队，不如和对方通过约定战后的复兴援助，展现和平建设前景的方式来设置和平谈判的平台，为实现和平竭尽全力。这是需要明确的第二点。

第三，最最重要的是必须从平时就要倾注全部努力来避免战争。虽然预防外交也是手段之一，但更重要、更有实效的方法则是社会各界各阶层通过国际合作和国际交流的方式来构筑“广义和平”。为此只能探寻一条基于各地区社会、文化、历史的稳定发展之路。这要求具备坚韧不拔的毅力、非凡的思维能力和行动力，即“创造和平的智慧”。

有些人根本还没努力寻找各种办法来避免战争，就轻率地说使用武力。他们把自己定位于现实主义流派，但他们根本无视战争无法解

①据武内进一《现代非洲的纷争和国家——后殖民主义家产制国家和卢旺达的种族灭绝》（明石书店，2009年，第49～54页）的记载，“后殖民主义家产制国家”（post-Colonial Patrimonial State：PCPS）具有如下四个特征：（1）国家统治的方式是家产制（patrimonial）。不是依据法律和制度来统治，实行的是基于统治者个人意志的恣意妄为的统治。此外在国家统治中公私不分，贪污腐败和裙带关系（nepotism）泛滥。（2）国家具有暴力性、压制性的特征。（3）国内的统治基础虽然不稳固，但由于作为主权国家获得了国际上的承认，能够得到来自旧殖民地宗主国和国际社会的经济援助和军事援助。（4）政治上处于一党统治之下，经济上实行矿山的国有化和农产品的价格统制，把市民社会置于国家统制之下。——作者注

决任何问题，只会把祸根遗留给后世的历史现实，并且缺乏看清意图发动战争的国际政治经济的结构性权力的视角。他们的国际关系理论只不过是以现有的国际政治经济体制（regimes）为前提，然后简要论述一下国家间的实力关系而已。这与其说是现实主义，倒不如说是一种认知上的荒废。我们应该深刻认识到战争的愚昧和徒劳，而决不能轻易舞弄军事力量。

遥远他国，
战火纷飞。
尸横遍野，
硝烟散尽，
庭中茶花盛开时。

——星野富弘①

现实中确有不依靠武力而实现和平的事例。在印尼的亚齐省，从1976年到2005年的漫长时期里，以亚齐独立为目标的自由亚齐运动（GAM）组织同印尼政府军之间的武装冲突一直不断，累计死亡1.5万人。2003年5月在东京召开由日本、美国、世界银行以及欧盟主办的复兴和平会谈。然而，由于印尼政府军扣押了前往东京的GAM组织的谈判成员，谈判破裂。东京谈判失败的原因之一是谈判的方式：不是让当事双方面对面地坐在一起，而是由日本外交官分别进出于GAM组织和印尼政府各自代表团的房间进行斡旋。这种方式既无法进行细致的磋商，也无法促进相互间的理解和信任。

然而两年后的2005年8月，在芬兰首都赫尔辛基双方签署了和平备忘录，还成立了亚齐和平监督团，实现了亚齐和平。赫尔辛基谈判之所以能够取得成功可以推出如下几个原因：

①星野富弘（1946～　）是著名日本诗人和画家，生于日本群马县。群马大学毕业后，在一所中学担任体育教师。一次放学后的课外活动中，星野在给学生示范空中翻转动作时失误，颈椎受伤而瘫痪。从1973年起，他开始口含着笔从事绘画和诗歌的创作。他所创作的感谢母亲的诗歌和花卉绘画赢得许多人的感动。1991年，在他故乡的势多郡东村成立了富弘美术馆。——译者注

一个是谈判方式。与东京谈判不同，这次是让当事双方坐在一起进行了面对面的对话。谈判取得成功完全就像大家所说的“多亏了手机和电子邮件”。通过手机和电子邮件，政府方代表团和GAM方代表团才能分别与雅加达的领导人和亚齐当地干部取得联络，从而推进了会议进程。除了当事人与会外，就只有议长尤哈·克里斯汀森（Juha Christensen）参加。

第二个原因是尤哈·克里斯汀森这位商业人士的从中斡旋。芬兰人尤哈曾在年轻时作为语言学的研究学者和妻子、孩子一道在印尼的苏拉威西岛（Sulawesi）上住了五年。他为那些曾经给予自己全家热情关怀却饱受战争之苦的当地人感到非常痛心。尤哈本来对东京谈判寄予厚望，然而当他听到谈判破裂的消息后，感到非常沮丧失落。于是尤哈决定自己亲自出马进行和平斡旋。他熟练掌握印尼语并且通晓当地历史、文化与习惯，作为商人也很有才干，具有出色的企划能力和行动力，而最重要的是具有希望和平的强烈愿望。“他认真地考虑过想要解决这场危机。我觉得他是个聪明又热情的人。”（GAM干部语）

如此看来，东京谈判失败而赫尔辛基谈判取得成功的最大原因可以说是在于中间人的不同。日本如果真的希望在和平构筑上作出贡献的话，就不能和美国一起搞军事派遣，而更应集中精力面向国际社会培养一些通晓当地语言、了解当地情况，兼具说服能力和行动力的专门人才。这些人才无须仅局限于日本人，也可采取接收发展中国家和纷争地区青年来日本的方式。

引领赫尔辛基谈判取得成功的第三个原因在于找出双方达成具体协议的有效方法。尤哈在斡旋陷入僵局时转而寻求帮助的人是芬兰前总统阿赫蒂萨里。可以说正因为阿赫蒂萨里丰富的经验和政治影响力给予了尤哈和平斡旋的正统性（legitimacy）。阿赫蒂萨里说了这样一番话：

所有纷争都有各自的历史。要倾听人们的主张，分析具体状况。协议要简洁。

——卡特丽·梅丽卡里欧（Katri Merikallio）：《构筑和平的事业——芬兰前总统阿赫蒂萨里和亚齐和平谈判》

虽然在达成协议前还有许多难关，但经过尤哈不屈不挠的耐心说服和双方的磋商磨合，最后达成了如下妥协方案：

（1）GAM方要求写明为“独立”，而政府方则拘泥于按照以前的“特别自治”一词上。为此采取将之表述为“自己统治”的方式使得双方都能接受。

（2）针对GAM方提出对以前实施过严刑拷打和强奸等侵犯人权和犯罪的罪犯处以严厉惩罚的要求，采用把这些罪犯驱逐出亚齐省的方式使之达成妥协。

（3）今后政府军侵犯人权时，将向政府提交GAM方的独立调查报告，由政府军领导人来惩罚部下。

（4）为实现GAM方解除武装和政府军的撤退，派遣了200名非武装的欧盟监察员。

正如上面举出的事例，即便不动用武力，而且正由于没有使用军事力量才努力实现了和平。为在亚齐省构筑“广义和平”，也许还有一段长期曲折的征程，但至少可以说构筑和平需要的不是军事实力，而是人才和智慧。此后在亚奇，于2006年和2012年采用直接选举的方式分别选出省长、县长和市长，实现了统一首长选举。

四、国际交流和相互理解

进入21世纪后，经济全球化的进展日益显著，各国、各地区间的经济交流和文化交流也愈发繁荣。而另一方面，随着交流的深入也会在各领域里引发文化摩擦和经济上的利益冲突，例如围绕资源、领土的纷争，围绕历史认识和宗教的对立，围绕环境和食品安全的摩擦等。为缓和这些摩擦和对立，构筑和平及共存共荣的关系，只有长年累月地不断加深各界各阶层的交流，促进相互理解和国际合作。现在已是每个人都要在各自的领域里担负起国际交流重任的时代。

文化摩擦是指由于不同文化的接触和交流而产生的不和谐和对立的现象。这里所说的文化是一个相当广泛的概念，包括从涉及语言、饮食、礼仪、习惯等日常生活，到涉及制度、规则、技术、行为模式等社会规范，甚至还涵盖了哲学、思想、意识形态、宗教等精神生活。文化摩擦和经济上的利益冲突一旦升级，就会使排外主义和民族主义抬头，有时还会成为纷争和战争的原因。

为了避免文化摩擦的发生，促进生活在不同文化圈的人们相互交流，构筑和平共生的关系，我们该从怎样的视角去着手实施呢?

为了和对方构筑一种和平的关系，就必须抛弃对对方的仇恨，原谅对方，并且拥有博爱的精神。这话经常被街谈巷议。2009年的日本众议院选举中民主党大胜。当上首相的党代表鸠山由纪夫继承其祖父鸠山一郎的志向，也把“友爱”作为日本外交的基本精神。友爱（fraternity）的理念是由理查德·库敦豪维-卡勒吉（Richard Nicolaus Eijiro Coudenhove-Kalergi）伯爵把它作为欧洲区域统合的先驱性理念而提出的。理查德的日文名叫青山荣次郎。他生于1894年，是奥匈帝国公使海因里希·库敦豪维-卡勒吉（Heinrich Coudenhove-Kalergi）伯爵和妻子青山光子的第二个儿子。青山光子（1874～1941年）作为一名日本女性，因其在战前同欧洲的贵族结婚，并活跃在欧洲社交界而知名。“MITSUKO”（在中国叫“蝴蝶夫人”）这一著名的法国香水的名字就是以青山光子的名字来命名的。正如理查德提出的“友爱”理念所说，当把对对方怀有的善意与相互理解相结合时，确实会形成强大的相互支援的网络。这是最好的情况。如果是那种不惜自我牺牲、对他人慈悲为怀的宗教家和圣人君子，也许无论对谁都能坚持这样的精神，但这对于我们凡人来说并不是轻易就能达到的境界。此外，出于对对方的误解和无知而产生的善意，往往导致盲目相信和追从，甚至会走上缺乏自我主体性的教条主义的错误路线。在欠缺相互批判精神的“好友俱乐部”中，难以对大国的霸权主义和权威主义提出异议。从这个意义上来说，比起喜欢对方，熟知和理解对方从长远来看在构筑和平稳定的关系上难道不更加重要吗?

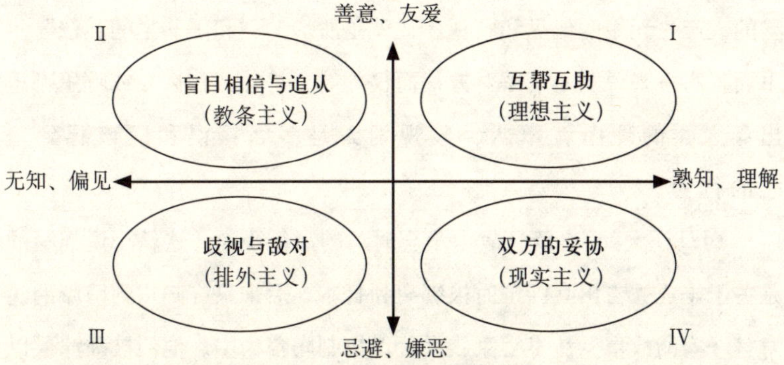

图1-1 国际交流的两轴

如图1-1所示，作为和平关系第Ⅰ象限是最好的情况。在这里，存在着由熟知、理解和善意、友爱相结合的一种理想式互帮互助关系。但看看世界上的现实情况，就会明白要想建立起这样的关系是极其困难的。当国家间、民族间存在着战争和对立的历史时就更加难上加难。但即便是在这种遗留有历史上留存下来的仇恨和厌恶的情况下，仍然有和平共存的方法，即如第Ⅳ象限所示。在这里，即使有忌避和嫌恶的感情，也能促进相互之间的熟知和理解。这样一来，通过双方妥协也能开拓出和解之路。第Ⅳ象限虽不是最好，但也是较好的情况。

从以上几点我们可以知道比起善意、友爱的“情感”纵轴来，熟知、理解的“理性”横轴对于实现和平共生更具有决定性作用。如果互相理解对方的不同文化，并保持双方平等的对话和交流，即使难以消除过去留存下来的对对方的仇恨和嫌恶，也有可能通过双方的妥协来构筑和平共存的关系。

如果透彻了解国际社会的结构、南北关系的构造以及对方国家的历史和文化，或者深刻理解这个人本身，就不会对民族和文化与己迥异的人产生无用的偏见和歧视。这就是所谓的“和平共生的礼法”。下面就举例来说明不了解对方，而仅凭对方是什么什么人或哪里哪里出身之类的理由就嫌恶、歧视别人是多么错误和应该感到羞耻的行为。

司马辽太郎[①]有篇《故土难忘时》的短篇小说。这篇小说描写的是关于丰成秀吉出兵朝鲜时被绑架到日本，后来只好归化到萨摩的沈寿官一家的故事。沈寿官家族世代以烧制陶瓷为生。他们被岛津侯以武士的身份来对待，其生产的“萨摩烧”[②]为萨摩藩的财政创造了巨大收益。故事讲述了战争期间沈寿官家第14代传人沈惠吉进入旧制鹿

---

①司马辽太郎（1923~1996年），日本作家。原名福田定一，生于大阪。1943年毕业于大阪外语学院蒙语系，1946年进入京都新日本新闻社工作，两年后任产经新闻社记者，同时发表作品。1961年开始其专业作家的写作。司马最重要的文学成就在于描写江户末期的历史小说，他把历史上推动生产力向前发展的人物放在革新与守旧两派势力尖锐斗争的环境当中，从各方面来歌颂他们的“励精图治”和“文治武功”。他是日本大众文学的巨匠，其笔名司马辽太郎是“远不及司马迁”的意思。——译者注

②一种日本陶器，带有精美的龟裂釉面、精细的彩色和饰金装饰图案。于18世纪末在日本九州岛的萨摩开始生产。萨摩烧的原型是秀吉时代来自朝鲜的陶工们制造的。——译者注

儿岛二中上学时发生的事。

入学典礼开始前，沈惠吉和其他新生一起既满怀期待又紧张地坐在教室里。这时几个高年级学生蜂拥而入，命令道："这班里应该有朝鲜人，把手举起来！"根本没意识到自己就是朝鲜人的惠吉没有举起手。于是，冲动的高年级学生们把他带到屋顶平台，一起对他拳打脚踢。高年级学生走后，惠吉回到了教室，拿起书包，就这样一个人踏上了回家之路。上了火车，坐过了好几站后到了伊集院站，出了车站后还须走两公里的路。惠吉走到离家不远时，令他惊讶的是看见父母正站在大门旁。因为第13代传人的父亲沈正彦也在中学入学典礼那天有过同样的遭遇，所以他为儿子担心得坐立不安。具体情节请大家一定仔细阅读体会司马辽太郎的这篇名作。

通过这个故事，笔者想强调以下三点：

第一，沈寿官一家虽然来自朝鲜，但他们在日本居住生活并非出于其本意。他们是被强行掳掠到这里来的。离开祖先世代住习惯了的祖国是件多么痛苦的事情！既然其子孙在日本生活，就根本没有理由遭到歧视。

战争期间的1942年，根据东条英机内阁的内阁会议决定，大量中国劳工被掳掠到日本，人数约有4万人。他们被强迫在煤矿、建设工地等135个项目工地上劳动。在围绕战后赔偿问题的诉讼中，虽然也有像秋田县的花岗矿山（原鹿岛组）和广岛县内的建设工地（西松建设）一样，中国受害者和遗属同日本企业之间达成和解的例子，但其他的都悬而未决。

第二，沈寿官一家历代都靠生产"萨摩烧"为当地做出了贡献。而且第14代传人本身还是位性格耿直的杰出人物。朝鲜人也罢，日本人也好，或是其他民族也罢，根本就不存在因民族和出身门第而产生歧视的依据。

第三，有些父母无论是对什么样的孩子都会因为是自己的子女而疼爱有加。即使因某些原因导致亲子分离，也没有哪个父母不希望离别在外的子女幸福的。“吾子已二十，四处去赌博，处处入赌帮。毕竟是吾儿，怎忍恨他之，住吉西宫神，保佑他不输。”（《梁尘秘抄》）就算是个嗜赌如命的儿子，但对其父母来说，还是很招人疼的，母亲也会为了这样的孩子跑到住吉神社和西宫神社为他祈福求愿。

陈凯歌是一位因拍摄《黄土地》和《霸王别姬》等电影而著名的中国电影界先锋。文化大革命期间，他曾在批斗会上踢过作为右派分子而被吊起来的父亲。后来父亲被送去劳改。陈凯歌去云南下放的那天，父亲悄悄地来到北京火车站目送他。做父亲的都是如此。在《赤脚的阿健》①中，反战主义者的父亲对加入海军的长子浩二宣称说：“你不是我儿子！”但在浩二出征那天，父亲站在河对岸，流着眼泪目送列车开走了。后来这位父亲因广岛原子弹爆炸去世。

陈凯歌年轻时的自传《我的红卫兵时代》中则出现了另一位父亲的形象。知青们在下放地的云南砍伐森林。一天，一个来自上海的少年被倒下的大树压死了。这个少年的父亲千里迢迢地从上海赶来，和知青们一起来到少年罹难的地方。少年用过的砍刀还掉在地上。捡起砍刀后，父亲转身问知青们：“你们还要继续干这活吗？”知青们答道：“是的”。父亲沉默一会儿后说道：“那就当心！”失去了孩子的这位父亲的满腔悲痛全部凝聚在这简短的一句话里。

---

①《赤脚的阿健》是根据日本漫画家中泽启治以自己亲历原子弹爆炸的经历为素材的一部漫画作品。同名漫画还被改编成电影、动画电影、电视剧。作品描写了在战争期间和战后的激荡时代里，拼命地想要努力活下去的主人公中冈健的形象。——译者注

笔者自己的父亲是在当年笔者虽已研究生毕业但还未找到固定工作、正过着赋闲的日子时因故去世的。父亲生前笔者总是激烈地反抗他，直到失去父亲之后才感受到他的恩情。但真正从内心里开始理解那种父母为子女着想的心情，还是在笔者自己当上父亲以后。确实是"儿行千里母担忧，母行千里儿不愁"。惠吉的父母也是因为担心自己孩子会被欺负，才会在那天一大早就一直伫立在家门口。正如自己担心的一样，当看到孩子身上刚做好的新制服上沾满血迹和泥土，步履沉重、垂头丧气地回家来的身影时，父母会是怎样的心情呢？

对惠吉施暴的高年级学生意识到以上这三点了吗？他们哪怕是只想到了其中的一点，都会觉得歧视和欺负惠吉是极其可耻的行为，从而难以下手吧。无知和偏见是多么的可怕啊！

笔者读了这个故事后最感到诧异的是和惠吉同在一间教室里的新生中竟然没有一个人上去阻止高年级学生，救助惠吉。这世上确实存在像这些高年级学生一样的因为自己什么也做不了，便拉帮结派欺负弱者的卑怯之徒。但反过来，一定也有一些不允许恃强凌弱等卑劣行径发生的侠义之士。为何所有的新生全都假装没看见呢？"萨摩隼人"①的名声简直都要威名扫地了。如果是在组成新班级过了几个月之后，惠吉和同学之间开始相互理解、产生信任的话，同学当中就绝对不会都对此无动于衷了吧。这绝非虚构。二战结束，日本停止对朝、韩的殖民统治以后，出生于鹿儿岛县的东陶（TOTO）公司的会长木濑照雄通过前文提到的司马辽太郎的文学作品知道了沈寿官家第14代传人惠吉的经历，并同他结识。木濑因为同惠吉的儿子一辉（沈

①萨摩人据说是中国台湾省高山族人后代。公元3世纪起开始居住在日本最南端的萨摩半岛上。日本近代因尚武，萨摩藩士自称"萨摩隼人"。他们勇猛好斗，容易冲动，尊崇强者，崇尚武力，鄙视懦弱、胆怯的行为。尊敬在战场上为主君战死的武士，唾弃临阵脱逃的人。战国时代，在萨摩圣人——岛津日新公忠良制定了完善的武士训练法规后，"萨摩隼人"更是成了不败的代名词。——译者注

寿官家第15代传人）有着既是同乡又是同年的情谊，于是两人结成了深交。可见超越民族和出身门第，相互之间靠信任的纽带连接起来也是很有可能的。

顺便提到在东京审判中，虽身为文官却被当作甲级战犯判处20年监禁的外相东乡茂德（其朝鲜姓氏为朴）和沈寿官是同乡，身上也同样流淌着朝鲜人的血。在东乡的一生中，官拜外相需要极其过人的才干和不懈的努力。1941年日美关系恶化时，东乡反对军部的主战论，坚决主张通过外交谈判来解决。他与扛着“独立的统帅权”的令旗、义无反顾地踏上战争之路的大本营①正好相反，始终坚持“文官统领”（civilian control）。2008年公开的东京审判相关文件中明确记载有参谋次长田边盛武说的“海军要求东乡外相把已经决定好的对美通牒时间从1941年12月7日中午12:30（华盛顿时间）推迟到下午1点”，以及东乡自己所说的“嶋田和永野告诉我不要泄露海军打算偷袭（珍珠港）的计划，他们还威胁我说如果泄露了该计划就要找我的麻烦”的证词。这些证据都证明了东乡曾经反对海相嶋田繁太郎和军令部总长永野修身制定的偷袭美国的作战计划。

1942年，企图扩大对亚洲的统治的东条英机首相提出新设一个“大东亚省”的构想，东乡对此持反对意见并辞去了外相之职。在战况极度恶化的1945年，东乡再次就任外相，为结束战争而竭尽全力。东乡常驻德国时，还因同一位有着三个孩子的寡妇艾蒂·德·拉罗德（Edi De Lalande）一起坠入爱河后结婚的轶事而广为人知。

司马辽太郎到访东乡的故乡美山虽然已是战后20多年以后了，但据说在当地的田间地头还竖立着下面的标语：

---

①大本营是天皇直属的统帅结构。在日本旧宪法中是行驶天皇拥有的统率权（军队的最高指挥权）的一个机构。战争期间，由参谋本部（大本营陆军部）和军令部（大本营海军部）构成。——作者注

别说谎，别认输，别凌弱。去追随东乡前辈吧，美山的孩子！

笔者去鹿儿岛时也曾拜访过美山和黎明馆（历史史料馆）。相继换乘穿行于峡谷的列车和汽车后抵达美山，当时已是深秋季节。沈寿官家族里的许多人为做“合柿”[①]正忙碌地采摘庭院里的青柿子。

在鹿儿岛有着自萨摩藩以来就有的乡中教育[②]的传统。把当地子弟按地区召集起来，由年长者教授年少者学问和武艺。不同年龄组的教育由小稚儿（6～10岁）、长稚儿（11～15岁）、二才（15～25岁）、长老（24岁以上）构成。前面提到的标语也是乡中教育的口号。向田邦子[③]曾因战时疏散在鹿儿岛市山下小学读过两年书，在校舍的墙壁上至今仍用大字写着“不认输、不说谎、不凌弱”的标语。在城山附近，还有一所与谢野铁干[④]七岁时就读过的名山小学。那里刻有“令人怀念的名山小学，人生路上的获知也源于此”的字句。笔者在黎明馆里向体验学习的指导员请教了乡中教育之一《日新斋一二三歌》的有关内容。其中的“れ”意思是“礼待非为人，贬人乃损己。”（以礼待人不是为了别人，而蔑视别人的行为并非贬低别人，其实是贬低自己。）可见歧视别人、欺负弱者是多么可耻的行为，这个道理从很久以前就流传下来。

---

①把青柿子在变黄成熟前摘下来，用日本烧酒脱涩后的柿子。——译者注

②萨摩藩武士阶级子弟的教育法。以四五个町为单位，把住在这一范围内的青少年编成小稚儿（6～10岁）、长稚儿（11～15岁），二才（15～25岁）、长老（带妻儿的师兄）四组。每组选出头领（多从二才和长老中选拔），由头领监管和负责乡中生活的一切。乡中成员则聚集在一起学习武术和文化。教育内容主要有实践武士道之义；修炼身心；不许说谎；不能失败；不许倚强凌弱；要朴实刚健，认为金钱利欲是最卑劣的事等。——译者注

③向田邦子（1929～1981年），为日本电视剧作家、随笔家、小说家，出生于东京。主要作品有《七个孙》、《日本萝卜的花》、《寺内贯太郎一家》、《宛若阿修罗》等，并以《邻家的女人》成为收视率最高的剧本作家。向田邦子创作数量极多。1980年因短篇《花的名字》、《水獭》、《狗窝》（收录于《回忆扑克》）获第83届直木奖。她那基于敏锐的人性观察和描写得到了极高的评价。1981年8月22日在台湾因空难丧生，享年52岁。1983年，为纪念向田对剧本的贡献，特别创设“向田邦子奖”。——译者注

④与谢野铁干(1873～1935年)，生于京都，日本浪漫主义诗歌“明星派”的代表诗人。其诗风优雅、艳丽，热情赞美艺术，讴歌恋爱至上。1901年出版的诗集《紫》和其妻晶子出版的短歌集《乱发》，被称为明星派恋爱至上诗歌的代表作。主要诗歌集还有《东西南北》、《天地玄黄》、《铁干子》等。——译者注

五、多元文化的共生法

分属不同文化圈的人如果相遇，总会不可避免地产生不同程度的文化冲突和文化摩擦，其中之一就是采用欧美尺度来看待的日本人异质论。

展开“日本人论”时，必然伴有把日本人同其他外国人进行比较、区别的问题。无论是称赞还是批判日本人，都容易在日本文化和其他文化之间引起摩擦。

何谓“日本人论”呢？南博撰写的《日本人论——从明治到现在》将明治到昭和期间众多的日本人论按时期和领域进行划分，并加以明晰的说明。此书认为，日本人论是考察日本人的国民性，即“在以日语为通用语，属于日本这一国家的大部分国民共有的意识和行为倾向中所体现出来的特征”的一种理论。虽然都是日本人，但是由于阶级、阶层、性别、年龄和地区等不同还是有差异的。而这一理论超越这些差异，把大部分日本人共有的国民性提炼出来，加以论述。

因此，南博在日本人的“最常见的个性”中指出如下两个最为重要：

第一，大多数日本人在人际关系上非常敏感，较之自我主张，更易采取对方本位的态度。就像谚语“出头的椽子先烂”所象征的一样，不轻易改变自己意见或始终坚持自己信念的人是很少的。

第二，日本人就算是在对外国人的关系上也具有很强的“比起外国人，日本人就……”的一种比较意识，可称为“本国意识过剩”。这一点也在由日本人提出的众多的日本人论中得以体现。

南博解释的“国民性”这一概念在表现大部分国民共同具有的

意识和行为倾向特征的意义上是较为容易理解的。但把阶级、阶层、性别、年龄、地区等差异抽象化后提炼出来的共同性又能有多大意义呢？例如，就拿南博列举的第一个特征来说，无论是在哪个国家和地区，面对诸多的困难和诱惑而毫不屈服，能够始终坚持自己信念的人都是屈指可数的。“出头的椽子先烂”这一谚语在英语中有“A tall tree catches much wind.”（树大招风）的表达，汉语里也有“人怕出名，猪怕壮”的习语。无视个别具体的情况，而把某种倾向过于一般化，就会陷入偏见或千篇一律的看法当中。根据国民性的概念，对全体国民一概而论是应该谨慎为之的。

战后关于日本人论、日本社会论的研究为何更加繁荣了呢？而这一现象在与日本同样实现了战后复兴的德国和意大利就非常少见。

日本不是西方国家，但很早就成功实现了工业化，并开始威胁欧美各国的经济优势，这确实是个不可思议的现象。为找出这一现象的原因，有时也会提到日本人和日本社会的特异性。由外国人撰写的关于日本人论的代表性著作是鲁思·本尼迪克特的《菊与刀》（1948年）。这本书与其说是受到日本战后经济发展的触动而写成的，倒不如说是受到日本是美国交战之敌中最难以捉摸的对手这一战时体验的影响。因而书中提到了神风特攻队、耻文化、天皇制等。

众所周知，中根千枝[①]把焦点对准到“纵向”社会、“家族”社会、企业大包干这种日本政治、经济结构和日本社会的单一性上。在日本，一个人在哪家公司工作要比他处于何种地位和职位更为重要，员工自己也把这当作一种自豪。佩戴三菱社章的客人一进酒吧，即便酒吧老板娘什么也不问，也会端出由三菱集团的麒麟公司生产的一份

①中根千枝（1926～　）是日本著名的社会人类学家，东京大学名誉教授，也是东京大学首位女教授。其研究方向为印度、中国西藏和日本的社会组织，著作有《纵向社会的人际关系》、《家族的构造：社会人类学分析》、《从社会人类学的观点来看中国与印度》等。——译者注

麒麟牌啤酒。

在类似日本社会异质论的相关文章中，常常会说到出席国际会议的日本人是“3S”（smile、silent、sleeping）。甚至还有“国际会议上最有名的主持人指的是能让印度人闭嘴、日本人开口的人”这样的笑话。

前面提到的几个日本人论并不一定就是蔑视日本人，但这些理论中的确存在着想要特别强调与欧美迥异的日本社会和日本人异质性的地方。从针对“东洋之国为何实现了比肩欧美发达国家的经济发展”这一疑问的回答中，可以看出论述者在试图找到某种异质性原因的这点上有着相同的态度。萨义德（Edward Wadie Said）把按照西欧的观点将中东和东洋视为异质的这种态度称之为“东方主义”（Orientalism）而加以批判。

欧美的日本论中还有一种“西方中心主义”性质的观点，把日本成功实现西欧化归结为其模仿能力卓越，认为他们不具备自主发明的能力。这类日本论在以下几点上是与事实相悖的。

日本的确是从欧美引进了技术，但后来进行了超越欧美的独立技术研发。从家电、照相机等高品质的消费产品到汽车的废气污染物排放削减装置，日本研发了许多超越欧美技术水平的商品。1973年本田研制出的CVCC引擎在全球率先达到美国《马斯基法》严格要求的废气排放标准，而当时美国的三大汽车生产商仍苦于没能攻克该项技术难题。

在经历战后经济高速增长的上世纪60～70年代，日本人还曾被称为“半导体收音机的推销员”（法国总统戴高乐评价访问欧洲的日本首相池田勇人）、“经济动物”（巴基斯坦已故外交部长贝·布托针对日本产品出口攻势时的评价）等。在某种意义上含有蔑视之意的此类言辞背后也表明了他们对日本的高速经济增长和日本强大的产品出口攻势感到恐惧和嫉妒。我们不能忘记在酿成民族歧视和排外主义情绪的根源里往往存在着经济上的利害冲突。为了克服这一类型的文化摩擦，就必须考虑一些策略来缓和其源起的经济摩擦。

社会学和文化人类学学者杉本良夫在澳大利亚的一所大学里执教。杉本认为对于跨越不同文化圈进行工作、生活的“跨境人类”而言，有两个威胁极易成为导致误解和对立的原因。一个是本民族中心主义，这多表现在一些政治家常常暗示“日本人的民族优越感”等众多信口开河的言论中。另一个则是单纯进行国家比较的思想束缚。“日本人是热爱自然的国民，所以重视人与人之间的和谐”、“澳大利亚人是一直同自然做斗争的国民，所以人与人之间的关系也是对立的”之类的判断往往容易导致相互间产生误解和歧视。

那么“跨境人类”究竟该如何避免产生自我文化中心式的偏见和误解呢？杉本认为最重要的是基于多元文化主义（multiculturalism）的根本思想去行动。其中笔者又认为以下两个原则非常重要。一个是引进异己分子的原则。这是指不要仅依靠“近亲”来进行政府、企业、学校等社会组织机构的决议和运营。以前日本的名牌大学在教师人事方面多采取只录用本校毕业生的“纯血主义”。一个机构如果不吸纳具有不同文化背景的成员，这个机构就会逐渐变得封闭从而失去活力。对某一集团来说，允许异文化、异端的存在对提高该集团的活力是非常重要的。

在杉本提倡的多元文化主义中，还有一个重要的原则是轻视血统的原则。在有些国家和地区已经形成了一种不太在乎血缘，把养子也理所当然地视为己出的社会环境。笔者长驻香港时曾遇到一位来自比利时的女士丹尼尔（Daniele）。她毕业于美国加州大学伯克利分校，在北约总部（布鲁塞尔）做翻译，后随丈夫一起来到香港。在香港，她担任外语教师，教授法语、德语、英语，是位多才多艺且充满魅力的女性。她自己生有一对双胞胎儿子，又领养了一个中国女孩。在她当着女儿的面，毫不避讳地向人介绍这是自己的“adopted daughter”（养女）时，我们反倒忐忑不安起来。也许是因为两人同为女性，我经常看见她们两人亲密外出的样子。

可以说在避免不同民族和不同文化间的摩擦和冲突问题上，以上两个原则为我们展示了一个重要的观点。多元文化主义教育的必要性也正在于此。

正在着手建立留学生和日本学生之间的“相互扶助网络”（JSN）的广岛大学的仓地晓美教授在其著作《多元文化共生的教育》中，如下写道：

真正需要接受“多元文化间教育”的并不是那些自己主动选择了与自己祖国截然不同的文化环境，并且每天在这种环境里学习各种知识、不断成长的留学生们，而是那些还没意识到每天频繁地出现在他们自己眼前的事物所具有的特殊意义的老师们，以及对这种真正意义上的异文化接触毫不关心和态度冷漠的普通学生们。

1961～1966年曾任美国驻日大使，并作为历史学家撰写了日本史研究著作的埃德温·赖肖尔（Edwin Oldfather Reischauer）是位娶了日本女性为妻的日本通。只要读过赖肖尔驻日期间的日记，就能知道在当时反《日美安保条约》运动高涨的情形下他是如何为日美协调殚精竭虑的。

1962年美国司法部长罗伯特·肯尼迪访日期间，赖肖尔陪同其参加在早稻田大学举办的一场学生见面会上发生了一件非常有趣的小插曲。会场上，由肯尼迪点名发言的三个学生当中有两人都没提问，只是在台上一个劲儿地大谈左派性质的观点。即便如此，赖肖尔却说这也要比由右派性质的亲美学生来表演滑稽戏要好得多。从这句话中可以感受到熟知日本的赖肖尔所具有的大度胸怀。据说接下来第三个登场的学生则是带领大家合唱完早稻田校歌后就结束了。赖肖尔对此非常欣赏，认为“这真是个令人感动的高潮”。无论进行怎样唇枪舌剑的激辩，最后都要以早稻田校歌《都的西北》来结束的方式的确是过去早稻田大学学生的风格。这同尾崎士郎[①]的《人生剧场》里所描写的世界相似。几年前在箱根举行的马拉松接力赛上，当看到因身体不适几乎就要中途退出的选手时，早稻田大学的教练当即从随行车上跳下来，唱着《都的西北》给他鼓劲。最后这位选手恢复过来，终于拼尽全力跑到了接力点。也许时至今日“早稻田精神”仍然活着吧。

赖肖尔记述的这个插曲表明了同前面提到的多元文化主义原则同等重要的在理解异文化过程中的另一个重要的态度，即在理解对方中包含的一种宽容大度。赖肖尔在担任驻日大使期间被一名19岁少年刺伤大腿，此后终生都饱受因此造成的后遗症的折磨。尽管如此，在日本始终以“低姿态”展开外交的赖肖尔仍有很多地方值得我们学习。

还有一个事例也表现了赖肖尔的诚实。在1960年修订《日美安保条约》之际，日美间缔结了一项默许搭载核武器的美军舰船和飞机在日本中途停靠的秘密协议。美国方面在1999年秋曾一度公开了记载着这一携核入境秘密约定的公文，但后应日本政府提出取消公开的要求，在当年的12月再度认定为非公开文件。在长期处于自民党执政的情况下，官房长官河村建夫和前外相町村信孝等人，无论是自民党还

①尾崎士郎（1898～1964年）是日本小说家，生于横须贺吉良町，一生经历极为坎坷。昭和8年（1933年），开始写作他的代表作《人生剧场》，从此一发而不可收，又一口气写出了青春编、爱欲编、残侠编、风云编、离愁编、梦现编、望乡编等七篇，再加上其后所写的荡子编以及《新人生剧场》的星河编、狂澜编，此系列一直写到昭和36年（1961年），历时28年之久。这是一部日本近代文学史上罕有的自传性巨著。——译者注

是外务省全都否认这一秘密约定的存在。然而，赖肖尔早在离任驻日大使后的1981年，就曾表明“日美政府间有准许搭载核武器的美国舰船停靠、通过日本的口头协议”。从那之后又过了近30年，日本的前外务次官村田良平作为外务省有关人员才首次承认了日美间存在这一秘密约定的事实（《日本经济新闻》2009年6月30日）。

不要陷入自我文化中心主义的思想束缚，以谦虚和宽容的态度来面对不同文化才是以创造多元文化共生为目的的一种和平的礼法。

第二章
礼仪和习惯的差异

礼仪和习惯会因国家和地区的不同而不同，此外还因行业和阶层的不同而有差异，并且还会随着时代的推移而变化。即便如此，礼仪和习惯仍在某时、某地起到协调人际关系、稳定社会秩序的作用。虽然法律也承担着相同的功能，但礼仪和习惯则比法律更加平和，所包括的范围也比法律更为广泛。“礼仪是风俗，也是文化”（熊仓功夫《作为文化的礼仪》）。礼仪作为一种具有一定规定的行为举止，当用身体来表现时，既能成为传达各自内心的一种手段，也能成为掩饰悲伤与愤怒等情绪波动的方式。

虽然仅仅是礼节问题，但有时对当事人来说却是性命攸关的大事。江户城内松廊上的刃伤事件最后导致了赤穗浪士攻入吉良宅邸复仇雪耻。①追根溯源的话，这同如何接待由天皇派来的使者的礼节和服装问题有关。在法国，是否允许穆斯林女学生佩戴头巾问题成为教育上的一个争论，也是个重要的政治问题。

如果民族和文化不同，礼仪和习惯也不同。礼仪和习惯的差异有时会引发对不同民族和不同文化的歧视和蔑视。歧视和蔑视则是破坏广义和平的元凶。

---

①元禄14年（1701年）阴历3月，赤穗藩藩主浅野长矩奉幕府五代将军德川纲吉之命，负责迎接和招待东山天皇从京都派到江户的敕使诸卿。因浅野不熟悉幕府的仪式与典礼，将军又命令深懂朝廷礼仪的吉良上野介来辅佐浅野，以免有失礼节。但吉良不但不帮忙，反让浅野在敕使面前丑态百出，闹出笑话，并讥笑他不识大体，使得浅野羞怒交加。当得知吉良是故意让自己在大众面前出纰漏后，在仪式的最后一天（3月14日），一时性起的浅野在松廊用配刀砍伤了吉良的前额。将军纲吉听到浅野在大殿行凶令其在敕使面前蒙羞而怒不可遏，认为浅野罪大恶极，立刻命其即日切腹并没收家禄，却判吉良无罪。赤穗浅野家的家臣被解散，从此成为浪人，分散到各地。元禄15年（1703年）阴历12月14日，浅野家首席家老（武士头领）大石内藏助率领47名赤穗家臣夜袭吉良宅邸，斩杀吉良，并将吉良的首级供在泉岳寺浅野的墓前，为主君报了仇。事发后虽然舆论都认为他们是忠臣义士，但幕府仍在元禄16年下令命他们集体切腹自尽。吉良家最后也遭到了没收领地及流放的处分。这一事件表现出的家臣对主君的忠诚，以及武士们执着的信念和超强的忍耐力，为世人津津乐道，至今仍对日本社会和民族性格产生深远影响。这47名赤穗浪士为主人报仇殉死的事件后来成为日本许多戏剧文学的蓝本。——译者注

一、围绕礼仪产生的文化摩擦

去国外或同外国人交往时所体验到的文化摩擦也许就是因为礼仪礼节的差异而引起的。即使在日本国内也存在着礼仪礼节上不同年龄段之间的代沟。无论是在什么时代，老年人总会为年轻人不懂礼貌而唉声叹气，而年轻人又总想打破形式主义的旧习。书店里摆满关于婚丧嫁娶礼仪的书籍，甚至还有面向为高中、大学毕业生做好踏入社会的思想准备而开设的学习社交礼仪讲座。由此可见相当多的日本人对礼仪还是十分关注的。

日本的用餐礼仪中，由于混杂着日本料理、中餐、西餐的礼仪，所以比较麻烦。手不端着碗碟是西餐和中餐的原则，而把碗碟端在手里则是日本料理的原则。

在日本料理中，将食物从大的碗碟分盛到自己的小碟子里时，不光是分盛时要用手拿着小碟子，在吃的时候也要用手端起小碟子才符合日式礼仪。日本人中，有些人吃饭时就直接将碟子放在桌子上，采用“手碟”（用手代替碟子，接在夹着菜的筷子下面）的方式。这也是礼仪上的一种错误。还有些人经常使用“逆筷”（为了不让沾了自己嘴巴的筷子前端触碰到碗碟里的食物，就特意倒着拿筷子利用筷子的另一端来分取食物），这也是违反礼仪的。因为这样不光自己的手捏过筷子的部分触碰到了食物，而且食物也沾染到筷子上的手握处。这时使用公用的筷子才是符合礼仪的。

公用的筷子要放在碗碟的旁边，而不是放在碗碟的上面。因为日本人不喜欢这种把筷子架在碗碟上的“架筷”方式。不知道吃哪个时，筷子在碗碟里挑来挑去的叫“迷筷”，这被认为是很没吃相的。

笔者虽没有这么麻烦地吃过，但据说吃生鱼片和寿司时，手端着盛酱油的味碟吃才符合餐桌礼仪。在日本吃米饭或喝酱汤时，如果把碗直接放在桌上而不端在手里的话，会被说成是“狗舔食”而招人反感。但在中国和韩国则常常认为把汤碗和饭碗托在手里的吃法是一种家里穷得连饭桌都没有的乞丐似的吃相。

在日本吃乌冬面和荞麦面时发出声响被认为极其正常，甚至还有畅快地“嘶嘶”吸食热气腾腾的拉面的广告。但无论是西餐还是中餐，喝汤吃面时发出“嘶嘶”声都是禁忌。咖啡和红茶也不能“嘶嘶”地吸饮。还有把餐巾贴在胸前的乌龙茶广告，但其实把餐巾平铺在膝盖上才是正确做法。把餐巾放在椅子上只是中途暂时离席时的做法，退席时则要放在桌上。

无论采取哪种吃法，都是把食物吃进肚子里，按不按礼仪来做并无太大区别。个人认为没有必要太在意礼节甚至到了要去听讲座来学习的地步。但反过来，违反礼节有时会破坏心情，还会让人感到被侮辱。即使是在日本人和日本人之间也会因礼节产生此类纠纷，所以日本人和外国人之间存在的令人更为惊异的礼仪差异有时也会成为引发文化摩擦和冲突的原因之一。

越是讲究规格的宴会，座次的问题就越重要。外交和企业的招待宴会上，如果弄错了座位的次序和上下座，仅凭这点就有可能得罪对方，使谈判以失败告终。一般来说离入口远的席位是上座，离入口近的是下座。日式房间里，壁龛前是上座。而在中华料理店多是圆桌的情况下就有些麻烦。按日本的礼仪，如图2-1所示，离入口越远的越是上座。相反在中国，如图2-2所示，主人一方的二号人物在靠入口处就坐。于是最终不得不以在日本则按日本方式，在中国就按中国方式来入座。这个问题要不事先同对方商量好的话，中日间就有可能会因座次产生一些纠纷。特别是在政治家和高级官员当中，有些人把序列看得比什么都重要，所以要注意这一问题。

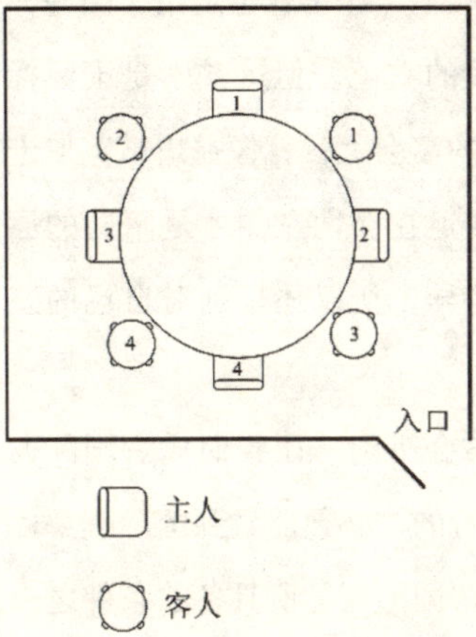

图2-1 圆桌的座次（日本）

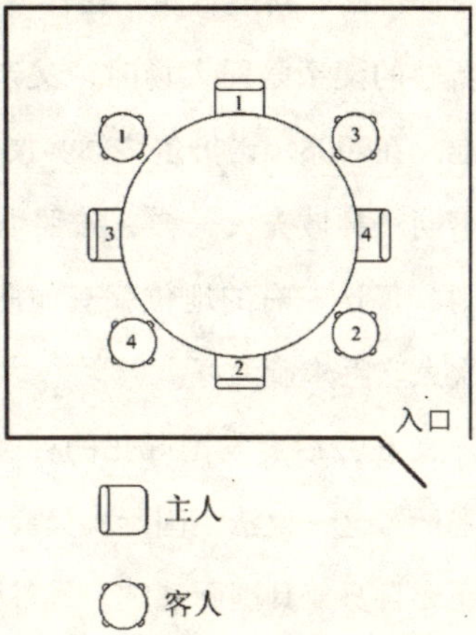

图2-2 圆桌的座次（中国）

欧式宴会的座次中还有英式和欧洲大陆式的区别。虽然两者都使用的是长方形饭桌，但英式是女主人为上座，坐在长方形饭桌短边一侧。而欧洲大陆式则是男主人为上座，在长方形饭桌长边的正中间就坐。

有驾驶员的车内也有座次之分。无论是右方向盘还是左方向盘，前进方向的后排右侧为首，左侧为次，副驾驶位最末。但在由朋友开车的车内，副驾驶位就成为首席。在讨厌阶级歧视的澳大利亚，不管是出租车还是高级轿车，客人都坐在驾驶员旁。

在中国如“左迁”这一汉语词汇所示，自战国时代起，右较之左为上位。与此相反，在日本，一直以来比起天皇右侧（相对而视即左侧）的右大臣，左边（相对而视即为右）的左大臣地位更高。传统的古装人偶以前也是男性人偶放在女性人偶的左侧。然而从大正天皇即位典礼时起，左右的地位发生了逆转，变成男性人偶站在女性人偶右侧的欧式。现在无论是在哪种结婚典礼仪式上，即使是神前结婚[①]，新郎都站在新娘右侧。在日本的结婚典礼上，这位置也适用于陪同，新娘的父亲陪同入场时，父亲走在新娘的右侧。但这并不是国际标准。在2008年诺贝尔奖颁奖仪式结束后的宴会上，就像益川敏英博士陪同小林诚夫人一样，按照欧式，男性走在女性左侧才是陪同的原则。仅这左右的地位就有如此麻烦的差异，所以还是别对自己的座次太吹毛求疵为好。

在今后愈发国际化的社会里，经常会听到“让我们成为国际人吧！”这一说法。国际人只会英语是不行的，必须能做到国际理解，还要自身兼具国际感觉。寺谷弘壬认为“国际人”所具备的条件之一就在于懂得国际礼仪。

在寺谷的著作中介绍了下面一些轶事。按照欧美的标准，上下电梯和汽车时要让女士优先。进入宴会会场时也是让女士先行。就餐入座时，女宾客一进来，男性必须一一从座位上站起来迎接。长期在海外工作的某位日本外交官平常就很烦这些繁文缛节，所以回国时在日本国内举办的一个宴会上进行了小回击。这个外交官对理所当然地想要先入会场的妻子说了声“喂，这是日本！”后，径自先进去了。

接下来的例子也是前面提到的寺谷的著作中介绍的。某位日本政府高官访问美国时，在宴席上意外被要求致辞，当时他脑袋一片空白，不知道说什么为好，尴尬地沉默了30秒后，仅仅吐出“谢谢”两

①日本的结婚仪式大致分为神前式、教会式、佛前式、人前式等四种。神前结婚仪式始于日本室町时代，是在神社的神殿内，以日本神道教为基础举行的婚礼仪式，是当时武官家庭最为盛行的一种结婚典礼。仪式上，新娘着纯白的和服，新郎着附有家徽的和服在神社的神灵前许下结婚誓言，正式结为夫妻，整个仪式过程相当庄严肃穆。——译者注

字就从台上走了下来。大家听后都不禁觉得这句话里包含了强烈的无以言表的感谢之情，于是全场报以热烈的掌声。这就是“致辞越短越好”这一格言的实践。

据国际能源署（IEA）署长田中伸夫的随笔记载，在某次晚宴上安排让沙特的石油部长来提议干杯。这位石油部长大喊了一声“干杯”后，就立刻走下了主席台，结果与会人士笑了起来。这并不是因为这位部长省略了冗长的致辞，而是据说因为他根本就不知道干杯后还要做个简短的致辞这一惯例。由于在信仰伊斯兰教的各国是禁止饮酒的，所以他们根本就没有干杯这一习惯。而在日本，人们往往会认为不会喝酒就不能成为一个好的商社职员，但如果是派往伊斯兰教各国的话，还是不会喝酒的人为好。

在让女士优先的实践中，其实笔者也曾有过失败的经历。这是笔者在下榻捷克首都布拉格的一家外资酒店时发生的事。笔者为去吃早餐而乘坐电梯时，一对中年夫妇已站在电梯里面。抵达餐厅所在楼层时，想到自己靠入口较近，先下电梯的话就不会妨碍他们，于是笔者没有礼让他们先下，而是自己先走出了电梯。笔者原本是为这对夫妇考虑的。这时才听到这位女士在笔者身后不满地嘟囔着，而那个男人故意大声地安慰她道：“因为他是个日本绅士嘛！”

志绪野真里曾作为导游，长期工作在旅游行业的第一线。据志绪野本人的体会，外国游客在入住日式旅馆时，常常发生的文化冲击有以下四点：

（1）不踩在踏板[①]上脱鞋，而在外玄关处脱鞋。

（2）直接穿着拖鞋就踩进铺着榻榻米的房间，坐在坐垫上。

（3）在大浴场里，穿着日式浴衣[②]或把浴巾围在身上就进入浴池。

①日式住宅入口处进入内室的地方都有个类似阶梯的踏板以供脱鞋使用。——译者注

②日本和服的一种，在夏季穿着。而在日式旅馆，常在沐浴或泡温泉后穿着。——译者注

(4) 不穿内衣，直接穿着日式浴衣盘腿而坐。还有把浴衣的右衣襟在上（对视的位置）错穿成左衣襟在上（在日本是死者的装束穿法）。后者弄错的以女性居多，因为女士西装的穿法是左衣襟在上。

外国游客会对日本人视为理所当然的礼仪和习惯感到吃惊，相反日本人也会对外国人不经意的行为感到目瞪口呆。外国人在日本体验到的文化冲击对日本人来说也是一种文化冲击。

荷兰人西蒙·劳瑞（Simon Laurie）作为Equant公司的社长，曾经长驻日本。据他所说，即使荷兰人说要请客吃饭“treat”（招待），也并不意味着就是由他来出钱，他顶多只是替自己挑选餐厅而已。顺带说一下，“AA制”英语叫做“Dutch treat”(荷兰式招待)。这词在普通的英语字典里也有收录。

印度青年沙尔玛（Sarma）作为留学生来到日本留学，毕业后在日本有商贸从业的经验。他对日本文化感到别扭的一点就是日式咖喱饭的吃法。咖喱饭还是充分搅拌后再吃味道会更好，而日本人却认为不能搅拌。还有他对日本人喜爱的卡拉OK好像也无法适应。沙尔玛认为卡拉OK就是把身份低下的艺人所从事的工作用免费方式来提供的一种服务。

伊藤雅雄长期从事中日间的旅游行业。伊藤所经历的中日间的观光文化摩擦也很有趣。比如来自中国的游客普遍感觉日本的酒店房间非常狭小，所以他们会把房门打开，并和旅行团的友人相互串门并大声说话。有时其他客人会向酒店对此事进行投诉。还有些中国游客会在日本的餐馆里吃自己从便利店里买来的关东煮和饭团，甚至还有人找餐馆要泡方便面的开水。在中国吃烤章鱼丸是不拌沙司酱的，认为沾蛋黄酱和芥末才是日式的吃法。在中国游客的观光巴士里推销的日本小礼物中，像“可吸附农药的活性炭”、“贴在电视或手机上防电磁辐射的防辐贴”之类的新奇商品很受欢迎。

众所周知，中国人不爱吃冷食，喜欢热气腾腾的饭菜。一架北京飞往成田的日航班机因大雪紧急着陆在关西机场。在着陆后过了5个多小时的凌晨3点左右，日航方面才迟迟给滞留在机场中转的中国乘客分发了三明治。正在大家又冷又饿时给的却是冰冷的食物，这更加激起他们的强烈不满。就算是送上价格便宜，但热气腾腾的泡面恐怕也要比这好得多。

通过上面列举出的文化摩擦的事例，可以知道不同文化间的相互理解并非轻而易举。这其中还有虽然身为日本人却想支持外国人想法的情况。

或许也有很多人赞同印度青年的“咖喱饭充分搅拌后味道会更好”的说法吧。大阪千日前大街的“自由轩”餐馆曾在织田作之助①的《夫妇善哉》一书中出现过。这家店做的咖喱饭就是在端给客人之前就已事先在米饭上拌好了咖喱酱。位于东京东银座的尼罗河餐厅，其印度籍厨师长也建议吃咖喱饭前要充分搅拌。比起外观，还是美味更重要。落语②中有个故事是说有个江户人平常总是说，狼吞虎咽地吃下去，甚至不知道荞麦面是否蘸有调味汁才是真正会吃荞麦面的人的吃法。当这个江户人临死前被问到还有什么心事未了时，他却回答说想好好地蘸着调味汁大快朵颐地吃回荞麦面，于是就留下这么个笑

①织田作之助（1913～1947年）是日本昭和时期著名作家，擅长以短片小说来描绘平民生活，在当时有“东太宰，西织田”之说。《夫妇善哉》讲述的是继承家业的化妆品批发商的儿子维康柳吉既有家室，又有艺妓情人蝶子，但仍然放荡不羁，后被其父断绝了父子关系，赶出家门。其后又先后经营过理发店、食品店、水果店、咖啡馆，但总不长久。即使是这样不成器的男人，蝶子仍痴心于他，无法离开柳吉。作品描写了俗世间顽强生活的大阪的男人和女人的关系。——译者注

②日本的一种传统表演艺术，类似于中国的单口相声。——译者注

料。在讨厌卡拉OK的人当中，难道就没有人也同意“卡拉OK=免费劳动的艺人”这一说法的吗？

把到访日本的外国人按地域划分来看，亚洲1081.9万人、北美111.2万人、欧洲104.8万人，亚洲占绝大多数（2014年统计数据）。[①]亚洲国家中，韩国275.5万人、中国台湾282.9万人，一直以来都位列前茅。但近年来快速增长的则是来自中国大陆的游客，2014年已达240.9万人，这一数字已远远超过来自美国的89万人的数据。日本方面以前往往认为由于中国人均收入水平还很低，所以中国游客即使来日观光也不会花太多的钱。但2014年中国游客在日逗留期间的人均消费额为23.17万日元，是韩国游客人均消费的三倍多。这也与购物时许多地方能刷一种叫“银联”的银行卡有着很大关系。2014年度（2014年4月～2015年3月）日本国内使用中国银联卡的支付总额已超过4000亿日元（按当时汇率约合人民币213.64亿元），是上一年的三倍左右。对于产业空洞化日益严峻的日本来说，观光产业是繁荣地区经济的一个重要支柱。

来到日本的中国游客体验到了各种各样的不同文化。在中国的地铁里，乘客“先上后下”的现象司空见惯，甚至有的乘客到了站都没能挤下车。所以，许多中国人对日本的排队上车和“先下后上”的习惯深感赞佩。此外，在日本，银行自助取款机和机场检票台也采取排成一列等候，按序走到空位的方式。如今在日本的电车站和观光景点的女厕所里，这种排队方式也已成为一种习惯。虽然来到日本的中国游客刚开始会感到不知所措，但在了解这种规矩后也认同接受了其合理性。

分摊付费在现在的日本已是习以为常，但在中国还不太被人们所

①作者根据日本政府观光局官方网站公布的统计数据计算得出。

接受，通常是由招待方来全额负担。90年代中期，在中国国际广播电台工作的傅颖还是学生的时候，曾带领三个日本留学生在北京市内游玩。据她说在麦当劳吃饭时，日本学生从容淡定地取出计算器，开始计算的士和就餐总额，并从她那里也收取了四分之一的费用。对此，傅颖觉得大受打击。分摊付费一词她是知道的，“但还是……”感觉非常别扭（《善邻》2009年2月）。在中国，这次如果别人请客，下次就要回请别人。如此一来一往，双方间的交往就自然加深。

在日本，部下邀请课长时，要么是分摊，要么是由职位较高的课长来付钱。但在中国，部下邀请时则由部下来支付。因为不这样的话，部下就会觉得很没面子。另外近年来，在中国的年轻人之间也开始出现分摊付费的形式。汉语把分摊付费称为“AA制”。

来自法国的留学生在笔者的课堂上提到的文化冲击是在日本的餐馆里，服务员端上客人点的饭菜时会说声“让您久等了”。明明点菜后饭菜立刻就送来了，几乎没怎么等待，因此他听到这话很是吃惊，好像是句定式的套话。

二、世界的礼仪和习惯

如前所述，不少日本人很介意自己的行为是否合乎国际礼仪。这里所指的国际礼仪往往意味着欧美式的标准。但就算是欧美式的礼仪也并非各个国家就一定相同。此外，除了欧美之外，世上还有许多其他国家。这些国家都有独自的礼仪和习惯。

在一些有关国际礼仪书籍的腰封上，有的还写有“日本人的常识即海外的失礼！”等字样。这不免让人觉得日本人是多么地不懂礼仪，如果不掌握国际礼仪就会被世界淘汰。但世界各国、各地区都有各自独特的礼仪和习惯，其中不少礼仪和习惯在其他国家的人和民族看来是很奇怪或很令人感到惊奇的。

在菲律宾的宴会上，客人要在宴请一方的女士多次邀请之后才能就坐。宴请别人时也同样，仅邀请一次是不够的，要再次确认。韩国在吃饭过程中，客人被主人劝菜时，就算很想动筷子也至少要谢绝两次后才能接受。自己如果是招待方，则至少要劝三次。像菲律宾和韩国那样就算是被邀请、被劝菜也不能立马接受的礼仪在日本也有。甚至在京都有则笑话是说当别人只是仅仅出于客气地邀请道“那么，来点茶泡饭怎样？”时，如果真的接受邀请进了主人客厅的话，人家反倒会慌张起来。相反像埃及，劝你喝茶就是要款待你的意思，端上红茶有时就是请客人别客气地只管喝，所以无需礼貌推辞。在德国和日本，端上来的饭菜最好不要剩下。而在中国，客人如果把饭菜全部吃完就是说明食物不够，主人就会没面子。

在日本送礼都是很客气地送，收礼方也不会当场打开包装。但在许多国家，通常是赠送方展示自己礼物的精美，接受方也会当场打开包装表示感谢。在日本就如“龟寿万年”一词说的一样，乌龟是种吉祥的动物。而在中国，乌龟则有指窝囊男人的意思，所以不能赠送乌龟的摆件。在越南，过生日庆生的人必须请大家吃饭。

在德国要严格遵守约定时间，但在墨西哥和埃及就相当宽容。在法国必须背手关门，而在日本就职面试等场合，这样做就会得到负面评价。在泰国单刀直入地步人正题被认为不礼貌，但在澳大利亚，大家都喜欢坦率的说话方式。

在印度的寺庙里必须把手放进口袋里，但如果是在日本的寺庙和神社就会被认为没规矩。在日本用手抚摸孩子头部表示疼爱，但有不少国家忌讳摸头。在印度，左右摇头表示同意，上下点头表示否定，同日本完全相反。在土耳其，上下点头表示同意，而左右摇头却表示“不明白”的意思；表示否定的方法有两种，一是边扬起双眉边做“啧”的咋舌，二是往后昂头，眯眼。

用拇指和食指做成圈的OK手势在日本有时还表示钱，但在西班牙有指性方面的下流意思。在智利，右拳敲在左手掌上表示“猥亵”，手指全部张开指“笨蛋”，右拳举到头部高度表示“共产主义者”。在叫服务员时许多国家要么是举手，要么是挥手。在捷克则是把手掌朝外，仅竖起食指。在尼日利亚是发出“嘻”的声音来叫服务员。

在女士优先的国家英国，男士要为女士开门，当女士进入房间时要站立起来，在拥挤的城铁和公交车上要给女士让座。此外，在饭桌上既不能比女士先吃，也不能比女士先吃完。而在韩国则时常看到女士为男士开门，让男士先走的情况。在捷克如果年龄和地位相同，男士也是比女士优先。

像这样民族和文化存在差异，当然礼仪和习惯也会不同。不理解这一点，而一味把本国方式强加于人，就很可能会引起意想不到的文化摩擦。在此，我们在面对礼仪和习惯所表现出的文化差异时应留意以下三点。

第一，相互理解和尊重对方文化的姿态非常重要。各个国家和地区有那么多礼仪和习惯上的差异，不了解情况的外国人也许会违反礼仪，甚至还会让对方感到别扭和不快。但如果能做到就像和本国朋友交往时一样，以诚挚的态度来对待对方的话，因礼仪和习惯差异而产生的摩擦是能够解决的。

不要仅从自己的立场来看待事物，试着站在对方角度来考虑问题，就能看清以前没有看到的东西。战争结束后，被留在中国的日本遗留孤儿的寻亲问题长期被搁置。2001年4月10日播放的NHK专题纪录片 *Project X* 就反映了这一问题，正式开始全力启动遗留孤儿寻亲行动靠的就是中日双方当事负责人的一句话才得以实现。日方是根据新上任的厚生省援护局课长水田努的指示才开始行动的。当水田看到500名遗留孤儿的来信积压在文件夹里就这么被搁置不管的情形后，斥责部下道："你们目前为止到底都做了些什么？"

而在中国认为"日本难道不是侵略者吗？我们凭什么要帮助那些日本人寻亲？"的想法还很强烈。如同被摄制成NHK电视连续剧的《大地之子》（山崎丰子）和《遥远的羁绊》（城户久枝《远离那场战争》）中描写的一样，中国的养父母们收养并抚育了日本孤儿。把别人的孩子，并且还是敌人的孩子当作自己的孩子一样来疼爱这样的事，不是轻易就能做到的。还有人担心这些孤儿会不会最终抛弃年迈的养父母，全部回到日本去。即使是在黑龙江省人民政府的会议上，出席者对此问题的态度也都很消极。在这种情况下，只有韩虎吉这位在战争期间曾和日本"开拓侨民"的青年成为朋友的人，对帮助寻亲表示赞成。"想见父母的这种心情，无论是中国人还是日本人都是一样的。"正因为有了像韩虎吉和水田这样能够站在处于困境的人们的立场上来考虑问题的人，遗留孤儿的寻亲项目才得以顺利开展。

关于面对不同文化的态度，第二点重要的是文化交流的实践能力以及掌握基础性的知识。因礼仪和习惯差异产生的文化冲击，如果事先了解情况的话，也是同样可以解决的，而且即使失败了，事后也可以把它当作一个很好的经验以笑话的方式一带而过。外交活动中常有很多被称为“protocol”的典礼和招待，但外交的主题并不在此。

1951年缔结《旧金山和约》时，首相吉田茂必须代表日本政府作一个接受讲和条约的演讲。外务省为此准备的演讲稿是用英文写成的，而且事先还得到了美国方面的认可。作为吉田的顾问随同前往的白洲次郎则极力主张弃用这份演讲稿，改用日语来写。因为向世界宣告独立的这一重要公文演讲稿怎么能让对方国家来审查，而且还要用对方国家的语言来书写呢?

于是，新的演讲稿用日语紧急地写在长达30米的卷轴纸上，赶在吉田马上就要开始演讲前才完成。吉田茂当天穿着传统的男式日式马褂大声地朗读了这份卷轴纸。据说各国媒体都竞相报道，把这场演讲称为“吉田的厕纸”。当时的随行之一宫泽喜一也在《日本经济新闻》的专栏《我的履历书》中提到这场演讲稿的改写风波。白洲毕业于剑桥大学，英语相当不错，但是太过于在乎用日语写稿这件事。“卷轴纸事件”告诉我们外交谈判中最重要的并非语言能力，而是敢于同国际社会交涉的胆识。

韩国前总统金大中在改善同日本的关系时也提到了文化交流的重要性。1998年10月，小渊惠三首相和金大中总统就《日韩共同宣言》达成一致意见，倡议以日本对过去的殖民主义行为进行谢罪为前提，面向未来发展日韩两国关系，进行互相合作。金大中立即决定对日本文化开放交流。当时韩国国内存在一种根深蒂固的反对观念，认为韩国将会变成日本的文化殖民地。但金大中从有必要加深国民层次亲善友好的观点出发，不顾这些反对意见，促进了日韩大众文化的交流。日韩还共同举办了2002年的世界杯足球赛。《冬季恋歌》、《大长今》、《李算》等韩剧的引进，也是日本近年来的“韩潮”成果之一。

金大中曾经是位反对韩国军事独裁政府的民主运动斗士。1973年，他在下榻的位于东京九段的格兰皇宫酒店被韩国中央情报部（KCIA）绑架，并被押送回韩国，1980年被判处死刑。就绑架金大中的问题，自民党党员宇都宫德马等人向自民党田中角荣内阁施压，要求将其送回日本。但自民党领导人为避免刺激韩国，试图不要求将其送还而是寻求政治解决。为阻止金大中的死刑执行判决而向韩国施压的是美国。此后长达两年，金大中不得不被迫流亡，其流亡地也是美国。这也是美国的民主主义的强大及其优越之处。最终韩国的民主运动取得胜利，金大中还在1997年被选为韩国总统。就任总统后，在2000年6月金大中同朝鲜的金正日实现了韩朝分裂后首次的南北首脑会谈。金大中被怀疑在首脑会谈上向朝鲜提供了5亿美元的援助资金。虽然用金钱来引诱朝鲜不太光明正大，但他使韩国实行民主化，进而对朝鲜采取“包容（暖阳）政策”，在朝鲜社会打开突破口却赢得了好评。无论是本国人还是外国人，其中都有值得尊敬和不值得尊敬的人。

第三点重要的是为了不让文化差异转化为对其他民族的歧视和对立，从平常就要构筑一种和平共生的关系。在对不同文化和民族产生的歧视中，除了两个民族之间的文化差异以外，往往本质上还有政治、经济上的利害对立关系。这时，仅仅互相意识到礼仪和习惯的差异还不能根本解决问题。真正的解决办法是必须透彻理解本质上存在的政治、经济上的利害对立关系，需要变革产生这些问题的体制和结构。复合型的相互理解不能只认识到文化上的相互差异，还必须将政治、经济上的关系和结构也纳入视野中。

岛津制作所的会长矢嶋英敏说过日本企业即使进行了先进的技术革新，但如果不努力将其产业化，实现产品销售，就不能说取得了成功。

他把日本国产中型客机YS-11卖到非洲等发展中国家的经验可以作为例证。以下是在《我的履历书》（《日本经济新闻》）中矢嶋说的话：

和用户之间要互相理解对方的立场。有益于加深两者间交情的是各国的历史、地理等最近成为焦点问题的被忽视的学科。如果不学习（对方的）习惯、思想、宗教等知识，就无法做到相互理解。

全面综合地理解对方并非那么简单。掌握这些知识需要相当的时间和努力，但重要的是理解当地的社会文化，以及想要融入当地人中的一种态度。东洋橡胶工业株式会社的会长片山松造曾经自1979年起担任德国分公司社长一职长达八年时间。赴任初始，片山被问到将选择哪种语言作为公司内部公用语言时，尽管他自己不会，仍然宣布采用德语。德国员工全都高兴地鼓掌，但却苦了片山社长自己。据说销售会议和销售报告全都使用的是德语，连社长方针也都用德语书写。确实如片山所言，米其林和固特异的总部社长如果来到他们的日本分公司，在日本的轮胎店里用法语和英语来销售的话也是卖不出去的。片山的这种态度告诉了我们当面对商业上的文化摩擦时所需要的一种思想准备。

三、社会体系和价值观

不光是前面提到的礼仪和习惯，肉眼看不到的价值观和行为规范也都和各自的社会、文化现实密切相关。今井康夫通过对比日本和美国的教科书后发现了各国国民所持有的价值观与社会现实之间的关联性。今井认为日本是一种事前预防、行政介入的社会模式，具有追求精神上安定的一种倾向，渴望成为“和谐温暖的人际关系中的一员”。而美国则是寻求结果公正的诉讼社会、事后救济的社会模式，具有追求“强大的个人”的一种倾向。

大家都知道美国是个诉讼社会。美国3/4的产科医生都有以与新生儿有关的医疗过失为由被起诉的经历。为了投保医疗过错责任险，医生每年为此所支付的保险费用非常高昂，纽约的神经外科医生为11万美元，佛罗里达州的产科医生为11.7万美元。因制造责任险的保险费率暴涨，生产小儿麻痹症疫苗的厂家因而减少到只剩下一家。其他还有以孩子遭到牧师训诫后自杀而起诉牧师的，甚至还有以“诉讼过错”为由而起诉律师的案子。

美国职业棒球联赛（MLB）是一个典型的实力主义世界。如果不能证明自己的能力优秀，在这里是根本无法生存的。此外，只要能打出好成绩，无论是来自哪个国家的球员都会得到加油的鼓励和支持。2006年5月10日，对于西雅图水手队（Seattle Mariners）的接球手城岛健司来说，发生了一件让他感到作为球队一员首次被人认可的事情。那天对战圣地亚哥教士队（San Diego Padres），接到右外野手铃木一郎传球的城岛被从三垒向本垒飞奔过来的对方跑垒手撞倒。城岛虽然摔了个大跟头，但仍牢牢地抓住了球，让跑垒手出局了。这时最先跑到城岛跟前的是投手华逊本（Jarrod Washburn）。他同采用日式投球配合的城岛意见不合，从开赛起就是城岛的一个难以对付的投手。这一役之后两人关系变得融洽起来。城岛说：“我明白了只要打得好就会得到承认。”笔者也从体育新闻中看到这一幕，在城岛的接球触杀的动作中让人感到了一种对胜利执着追求的强大动力。

美国社会追求“强大的个人”，鼓励无休止竞争的这种倾向在全球化资本主义统治世界的背景中变得越来越强。结果是高收入阶层和低收入阶层之间的差距惊人。美国企业的CEO（最高经营管理负责人）和普通员工的平均收入比为40～600倍。在日本企业中，以前这一比值为3倍左右。尽管日本现在差距稍有扩大，为10～20倍，但比起美国企业还是小得多。2003年美国保守派院外活动团体——美国税制改革协会（ATR）要求推进“使胜者更强，搞活经济的政策”。为使25年后的政府财政规模缩减一半，布什总统、41名参议院议员及217名众议院议员联名签名发誓“不增税”。这种动向不言而喻很可能导致公共部门的财政规模缩小和贫富差距的进一步扩大。

面对2007年发生的次贷危机后的经济危机，美国国内要求修正一直以来的新自由主义性质的经济运营方式的呼声也日益高涨。2008年诺贝尔经济学奖获得者克鲁格曼（Paul Robin Krugman）建议新当选的总统奥巴马采取通过废止布什政府的减税措施来对高收入阶层进行增税的政策，期望以此增加政府财政收入，缩小收入差距和实施全民健康保险制度。

在日本泡沫经济破灭的上世纪90年代以后，想把日本转变成美式竞争社会的言论强大起来。小泉政府在以规制缓和及民营化为支柱的“构造调整”[①]的名义下，在收入和雇用上都采取了扩大差距的一种政策。从2004年左右开始，非稳定雇用的合同工和劳务派遣数量急剧增加，甚至已占雇用总数的35%。

---

①小泉内阁实施的新自由主义经济改革“构造调整”的内容主要有：（1）规制缓和与民营化。典型的例子就是邮政、邮政储蓄、邮政保险三项事业的民营化。石油公司、道路公司等公司的民营化、国立大学独立法人化等特殊法人改革和各种审议会的合并等改革。同时启动构造改革特区计划，2003年4月到2005年7月共分八批，诞生了548个不同类型的构造改革特区。（2）社会保障体制改革。从医疗制度改革来看，职工医疗费用个人承担部分由原来的20%上升到30%，70岁以上老人的就诊费、个人负担部分已开始增加。（3）财政结构改革。小泉内阁明确提出2010年左右实现基础财政平衡或略有盈余的目标。从2004年起，“三位一体”改革（地方财政改革）也紧锣密鼓地展开。——译者注

在税制方面也采取了优待高收入阶层的措施。上世纪50～70年代的日本，个人所得税和遗产继承税的累进度曾经一度非常高。1976年度日本的所得税率最高为70%（含地方税为78%），最低为10.5%，分成15级。然而，由于此后历届政府降低累进度，2003年度变成最高37%（含地方税为50%），最低10%的4级。这一最高税率对比美国的35%（含地方税为45.5%）、英国的40%、德国的48.5%、法国的49.58%来说绝不算高。衡量收入差距程度的基尼系数介于0～1之间，这一数值越大就表明社会贫富差距越大。就扣税后的收入来看基尼系数，以前的日本和瑞典一样低。但2007年日本则达到0.321，大大高于瑞典（0.234），接近贫富差距巨大的美国（0.381）的数值。

此外，因为以前日本的遗产继承税很高，所以常说富豪人家到了第三代也会变成普通人家。前首相田中角荣拥有的占地广阔的私邸“目白御殿”传到他女儿田中真纪子这代时，为缴纳继承税而被卖掉了一部分。然而小泉当政期间在继承税方面也进行了很大修改。日本的继承税税率在修改前是最高70%，最低10%，分成9级。修改后变为最高50%，最低10%，分成6级。课税最低限额没有变化，仍然是有配偶和三个孩子的遗产继承总额为9000万日元。修改后的日本的最高税率降低到接近美国的49%（课税最低限额为2.42亿日元）、英国的40%(9300万日元)、法国的40%（3284万日元）的程度。

所得税最高税率为70%的时候，八佰伴超市集团的社长和田一夫曾经感叹日本税费太高，连别墅和快艇都无法拥有，简直就像社会主义国家。因此和田社长在1990年前后把公司总部迁到了香港。当时还是英国领地的香港是无论收入多少一律征收15%的个人所得税。八佰伴集团在好几个地铁站上开店，和田社长还购买了位于香港岛山顶的香港前任副总督的宅邸，事业和生活都看似一帆风顺。但五年后从在中国上海大规模开店时开始，形势大变，最终破产了。都说NHK晨间播放的电视连续剧《阿信》的原型就是这位和田社长的令堂——阿胜。如此颇有历史渊源的老字号企业最后却经营得实在是令人惋惜。就像八佰伴在新加坡采取周日营业、夜间营业、明码标价销售、豆沙馅面包的现场制作销售等许多商业经营创意取得成功一样，海外事业本身不一定会失败。但丧失在日本社会和日本市场生存打拼的坚强意志难道不是最终导致八佰伴集团根基瓦解的根本原因吗?

在讲述经营诀窍的书籍中经常写有“厕所肮脏的公司是危险的”这种告诫。个人的体会是在香港的八佰伴还很红火时，笔者全家曾去那里购过物。店堂内顾客盈门，当时还在上小学的女儿去上厕所，可因为厕所脏得实在不能使用而青着脸跑了回来。笔者当时就纳闷日式经营的优点到底都到哪里去了。

推进小泉政府构造改革路线的智囊之一是经济学家中谷严。2008年他意识到自己在理论上出现了错误，出版了一本名为《资本主义为何自我崩溃?》的“忏悔书”，该书还成为最畅销书籍。书中准确抓住了全球化资本主义肆无忌惮的扩张会带来世界性金融和经济危机、贫富差距的扩大及严峻的环境破坏等问题。这些论点本身虽然早在10年前经济学家都留重人和伊东光晴就已指出，但中谷坦率承认自己错误的态度还是诚恳爽快的，对此应给予高度评价。

该书只有一处欠缺画龙点睛之笔。中谷认为日本由于存在着基于朴素的自然崇拜的神道，所以一直以来是同自然共生的，而西欧的基督教则考虑的是征服自然，所以带来了环境破坏。中谷的观点如能摆脱这种千篇一律的比较文化论，也许能给自己的这本著作锦上添花。

即使在美国，过度的个人主义和市场规律至上原则的横行也使得社区解体，长期雇用消失。针对这一情况，一些人要求重建安全、稳定、规范的社区。艾伦·埃伦霍特（Alan Ehrenhalt）就是其中一员。他在其著作《失去的城市》中写道，在上世纪50年代的美国曾有过“安全的街市，食品店里和蔼可亲的大叔卖着可放心食用的牛奶和饼干”。以前可以取代现在的花旗银行分行的S&L（储蓄信贷协会）因为有着和居民熟识的职员，所以居民也不用要求出示身份证等证明。但埃伦霍特期盼的并不是单纯的上世纪50年代的那种复兴，同时也不愿再出现50年代里“政治头领、犹如暴君的校长、僵化的规则、完全美式的说教、不允许他人提出不同观点的社会”的情形。

埃伦霍特所追求的那种社区并不一定是个无法实现的梦想。以兼顾个体的独立尊严和共同体的纽带为目标的丹麦的城市建设就是其中一个实例。创造这一成功实例的是工人运动以及由各种社会团体和市民团体开展的要求改善生活的各种运动。[①]这也是在漫长的历史中培养起来的高涨的市民政治意识的结果（小池直人、西英子《福利国家丹麦的城市建设——共同市民的生活空间》）。

战后的日本在美、英、德、法等经济规模较大的发达国家里是犯罪发生率最低的国家。例如，1998年每10万人口的主要犯罪发生率，美国是5695件，而日本为1337件，仅是其1/4。杀人案件的发生率美国是8.5件，而日本是1.2件。美国人口是3亿，但有2亿支枪支在个人手上。枪支社会会导致恶性事件多发，反过来又由于恶性事件频发，人们就更想拥有枪支。一旦社会上枪支泛滥，再要想阻止个人持枪就

---

①丹麦是个人口仅为550万人的小国，2012年的人均GDP位列世界第7位，有马士基集团（海运）、维斯塔斯（风力发电机）、乐高（玩具）等世界著名企业。丹麦的市民积极开展各种运动来改善生活。比如：（1）认真、切实地应对环境问题。通过实施能源税、向研发可再生能源项目提供补助、建设节能降耗建筑等措施，将初级能源的自给率从1973年的1.5%提高到2004年的155%。（2）实施了独具特色的教育体系：开展在森林中培养幼儿园小朋友亲近自然的教育活动；在小学的教育环节中，奖励针对每个学生的关注事项和理解能力的不同而进行的自主调查研究；在高中毕业至进入大学期间设置1～2年的延期入学时间段，让学生亲身参与社会实践活动。从以上两点可以看出丹麦市民运动的成熟以及市民对政治的热情。——作者注

相当不易了。

收入差距的扩大和失业、贫困人口的增加会降低社会统合的向心力，进而会导致利益对立的激化和犯罪发生率的升高，有损社会的稳定。虽然来自家人、亲属、社区的束缚和社会监控过严的社会也是个问题，但贫富差距过大，缺失社会性纽带的社会也无法让人舒心地生活。1998年以后，日本每年有超过3万人自杀身亡。

四、交通文化的摩擦

美国因交通事故导致的死亡率也很高。2012年平均每10万人的交通事故死亡人数为10.9人，而日本是3.47人。美国是个汽车社会，车辆众多也是原因之一，但还与驾驶方式和社会现实有关。日本也在上世纪70年代初因交通事故每年有超过1万人死亡，情况严峻到甚至被称为“交通战争”的地步。但此后随着社会经济的稳定发展，通过采取完善道路交通设施、贯彻交通安全教育、强化违反交规的处罚和提高罚款、对被害人进行巨额赔偿、引入保险的金卡制等措施，死亡事故逐渐减少，2014年全年因交通事故而死亡的人数降至4113人。

中国也随着经济的高速增长，交通事故日益增多。2013年有58539人因此死亡，相当于平均每10万人中死亡4.3人，死亡率虽低于美国和法国，但考虑到中国还处于汽车普及率并不太高的阶段，则事态相当严峻。

笔者在长驻中国和美国期间都曾开过车。正如各位读者所知，美国和中国都是左方向盘，靠右行驶。对于已习惯在日本开车的人来说仅适应这一点就相当的痛苦，此外还有不少让人不知所措的交通习惯上的差异。在美国，有些车在高速公路上连转向灯都不开，就一下变更五个车道，还有的车辆上的缓冲器和车门都坏了，眼看就要掉下来了却还在开。在中国，许多行人从非人行横道的地方理所当然似的在来来往往的车辆间穿行，而开汽车的人又是只顾车辆优先，用按汽车喇叭的方式来催赶行人。

在同日本交通规则的差异中，还有一些让人不知所措的地方。图2−3是中国驾照考试试题中的一道题。哪个是正确答案？请大家试着回答一下。

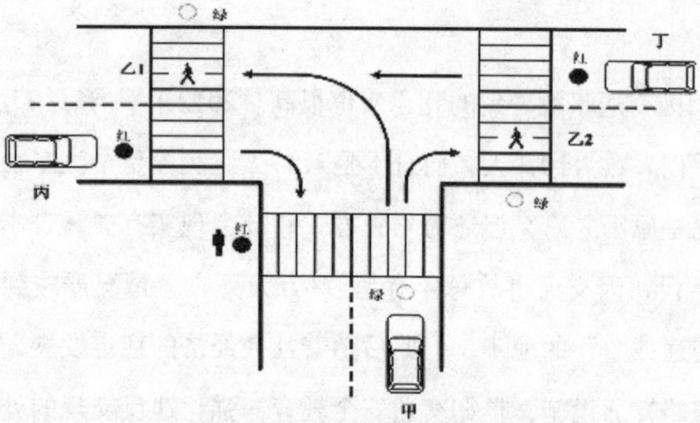

图2−3 中国的驾驶执照考试

问：十字路口的信号为红灯时，在不妨碍允许通行的车辆（甲）和行人（乙1、乙2）的通行的情况下，请从以下三项中选出正确选项。

A．右转车辆（丙）和丁字路右侧没有人行横道的直行车辆（丁）可以通行。

B．丁字路的直行车辆（丙和丁）全部可以通行。

C．从各方向行驶的车辆（丙和丁）都不能通行。

资料来源：陈惠成主编：《汽车摩托车驾驶员考试指南》，江苏科学技术出版社，1997年。

日本是红灯时车辆必须全部停下来，C是正确答案。但在中国这道题的正确答案却是A。在中国和美国，右转车即使是红灯也能通行。所以横过人行道的行人在注意绿灯通行的车辆的同时，还必须注意红灯右转过来的车辆。这对于已经习惯日本交通规则的人来说是既危险又无奈。来到日本的中国人看到人行横道的绿灯亮后日本人边看着手机边放心过马路的情形会感到非常吃惊。虽然日本人本身太不防备也是个问题，但交通规则不同也是导致这一现象的原因。

在中国长驻的两年期间，笔者经历了好几次交通事故。一次是在北京日坛路的日本大使馆前想要左转而停下来时被追尾。笔者把车靠边，正想与之交涉修理事宜时，对方却突然启动车辆逃跑了。于是，笔者把模糊记得的车牌号码告诉了交警，但被告知查无此车而了结，甚至还要求笔者把散落在地的汽车尾灯碎片打扫干净。

第二次是在北京郊外的蒙古展览会上。参观完蒙古包生活等展览后笔者返回停车场，看到自己的车子周围聚集了许多人。仔细一看，一辆大型观光巴士骑在了自家车的前部。巴士司机说自己只是个农民，巴士归村里经营的一家公司所有。笔者询问和拿到了对方的驾照号码和公司名片后对他说随后再向他索要修理费后就走了。后来笔者给名片上的公司打了电话，但对方说没有这个司机，根本不理会笔者。

第三次是笔者的朋友遇到了交通事故。朋友一家觉得在北京开车很危险，于是雇了个专职司机。周日全家出远门时，司机超速拐弯没能拐过来，撞到了路边的一棵树上。朋友的妻子脸部受了伤。在中日友好医院接受完治疗的朋友给笔者打来电话，希望笔者将其送回家。这时，笔者做了件羞愧得恨不得钻进地洞的事。去接他们时还好，但后来开着发动机就把车门给锁上了，而车钥匙还在车里。自己因此惊慌失措，悔恨自己天生冒失。

不要说这只不过是交通规则而已。交通规则是国家统治的现状对国民生活产生影响的一个例子。众所周知，机动车的行驶中有右方向盘靠左行驶的英式和左方向盘靠右行驶的大陆式两种。日本本土是机动车靠左行驶的英式，但二战后一直处于美国统治之下的冲绳则是机动车靠右行驶的大陆式。冲绳自1972年5月15日零时起回归日本。但冲绳的交通规则与日本本土保持一致则是自回归后又延迟了数年。从1978年7月30日早上6点起，冲绳的机动车由右侧行驶全部变更为左侧行驶。而前一日的7月29日从上午10点起，所有的车辆停止行驶，同时安装和更换交通信号设施。发展中国家采取哪种方式还同殖民地的遗留制度有关。曾是英国殖民地的印度、马来西亚、新加坡是靠左行驶；而曾是法国殖民地的越南，或曾是荷兰殖民地的印尼则是靠右行驶。香港由于曾是英国殖民地，所以是靠左，这同中国大陆的靠右行驶不同。中国大陆和香港之间的一国两制不仅仅只是政治制度上的区别。每天有许多车辆来往于香港和广东省之间，但一跨过两地间的边境线，司机就必须从左车道改为右车道，或者相反。

听香港的朋友说在习惯和文化上，台湾比香港要更接近中国大陆。如前所述，香港是右方向盘，而中国大陆和台湾都是左方向盘。在中国大陆和台湾，政府和国营企业在经济运营上发挥的作用巨大。在回归之前的香港，英语为公用语言，而中国大陆和台湾一贯都是以普通话作为公用语言。在香港，人们虽然已有了李小龙、成龙这样气派的中文名字，但还要再取一个Bruce Lee、Jackie Chan之类的英文名字。在香港的日本人小学里是由英国老师来教授英语，即使是在这样的学校里，教师仍然给所有学生取了英国式的名字。我家的孩子们也不知从啥时起就有了Ann、Steven这样的名字。都不跟孩子的父母打声招呼就擅自为其取名……对这种殖民主义的遗风感到愤慨的也许只有笔者一个人吧。在中国大陆和台湾就几乎不会做这种事。[①]近年来在中国大陆地区，外资企业员工和留学归国人员中也开始有使用英文名的情况，但这仅限于一部分人。舞会上跳的华尔兹、探戈在香港也是英国式的国际标准舞步，而在中国大陆和台湾则欧洲大陆舞步是主流。英式和欧洲大陆式的区别不仅仅只是车辆方向盘的问题。

令初来乍到日本的外国人感到吃惊的一件事就是日本极其完善的公共交通系统。许多外国人对日本城市圈的城铁和地铁四通八达及其准点运行感到惊叹。日本的特急列车的平均晚点时间为6秒。即使列车运行时刻和规则要求甚为严格的德国也是6分钟。在许多国家认为晚点5～6小时很正常的情况下，日本的6秒几乎接近奇迹。

在监测列车是否准点运行的指标中有个叫做准点运行率的数值。日本是晚点超过1分钟就不能认定为准点运行。在这一严格标准之下，日本的准点运行率是新干线为95%，普通铁路为87%。类似于日本新干线的法国高速列车（TGV）是92%。虽然这一比率和日本差不多，但法国晚点的标准却是14分钟，比日本要宽松得多。英国的城际列车（Intercity）是82%，其晚点标准是10分钟，也比日本宽松。德国的普通铁路是90%，晚点标准为5分钟，不如日本严格。这样就能看出日本的铁路运行是多么的出类拔萃。然而在2005年4月，在JR西日本的宝塚线上的尼崎发生了列车脱轨事故，有超过100名乘客死亡。在资本主义性质的企业经营之下，为追求效率和利润而过度强求速度和准点运行的话，将会有损安全性。

①最近中国的小学英语课开始实行英语授课，英语老师也开始给学生取英文名，也许是受到香港的影响。以前的中国没有此情况。——作者注

在东南亚各大城市的早晚高峰时间，交通堵塞的车队绵延不绝。这不仅浪费时间，还破坏环境。建立同发达国家一样的交通系统的一个关键问题在于完善城市铁路网。胡志明市和雅加达市分别以2014年和2016年开通为目标，着手地铁修建计划。马尼拉、吉隆坡、曼谷也正在推进城郊铁路和地铁的延伸和新建计划。这对于日本的铁路建设公司和车辆、运行系统生产商来说也是到处蕴含了巨大的商机。

高速铁路由于平均运载每名乘客所排放的二氧化碳非常低，只有汽车的1/9，比起飞机来又能进行大量运输，所以是种较为理想的公共交通工具。日本的新干线、法国的TGV、德国的ICE举世闻名。韩国和中国台湾地区也有纵贯南北的高铁在行驶。美国也在2012年投入3万亿日元的规模开工旧金山至圣地亚哥间（1300公里）的项目。印度和越南也已分别计划在2015年开通孟买至德里（1500公里、5000亿日元）、2020年开通河内至胡志明市之间（1600公里、5000亿日元）的高铁。

中国预计到2020年之前建成1.6万公里的高速铁路网。北京至天津间的高铁引进日本和德国等技术，已开始运行。中国当初在制定京沪高铁计划时，就到底是引进日本技术还是引进德法技术的问题，在国内曾有过很大的争议。笔者一有机会给来自中国的行政职员和党员干部进行研修讲座时，就会向其建议引进日本新干线技术。之所以这么说，除了前面提到的准点运行率很高以外，还有自1964年开通以来，新干线没有发生过一起死亡事故。无论如何旅客运输的最高服务在于安全。而且虽然新干线大量运送乘客，停靠站点又多，却实现了高速运行。这同法国的TGV比较一下就能明白。虽然TGV速度很快，最高时速达300公里，但两站间的平均距离为232公里，平均每天乘客量只不过4.3万人。而日本新干线的最高时速虽是270公里（现在的新型N700系列达到330公里），不敌TGV，但站间距离很短，仅为33公里，一天运送49万人。日本的新干线更加适合人口众多的中国和亚洲。

日本铁道系统的优越之处不仅只是准点运行和安全运输，还体现在指定坐票瞬时出售，软件上却几乎没有出现过重复预定等错误。在质量管理和顾客服务上非常突出的日本企业文化，在铁道文化上也有充分的体现。在中国有很多人以从日本引进铁路技术会使人联想起过去的殖民地时期，以及台湾的新干线就是引进日本技术为由来反对。但这种想法是否有点狭隘呢？正如在亚洲各国不断推进高速客运铁路建设计划一样，将来很有可能在亚洲修建一个新干线网，其中心将是中国。不要只局限于眼前的党派利益和战略，从长远眼光来看，引进优越的铁路系统无论是对中国还是对亚洲来说，都是最为理想的。

第三章
日本国内的文化摩擦

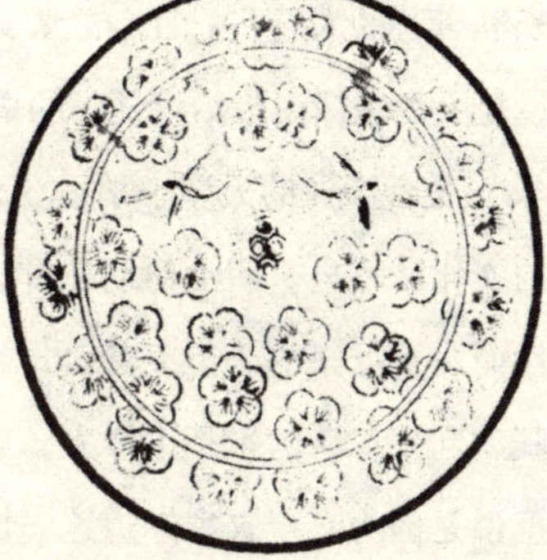

一、笔者个人的文化冲击体验

1. 鸟取县内的搬迁

一个人的一生中感受到的最大文化冲击是什么时候呢？笔者出生于日本鸟取县西部一个叫西伯町（现南部町）的山坳里的农村。周围到处都有关于出云大社主神[①]“大国主命”[②]的传说——就是因“因幡的白兔”[③]这一传说而闻名的那个大国主命。在邻村的手间村里还有传说听信了弟兄们奸计的大国主命错把烧得赤红的岩石当作野猪抱在怀里而被严重烫伤的赤猪岩神社。这座乡土气息浓厚的小神社里只有长满青苔的大石头。在与之邻近的一个叫清水川的村落里，有一口据说是大国主命用来治疗烫伤的泉水涌出。

笔者毕业的天津小学虽在30年前被废弃，却有一则一直流传下来的文化摩擦史。明治初期开设这所小学时，教师是由县里派下来的。然而由于派来的是位穿着西式裙装的女老师，见此情形的天津村村民骚动起来，认为来了个洋人。血气方刚的男人们拿着竹矛聚集起来。据说是因为有户农家知道这一情况后，赶紧把那位女老师藏起来才最后没发生什么大事。每年在小学建校纪念日那天，校长必定会谈及此事来告诫我们这些学生切勿轻举妄动。

---

①出云大社位于日本岛根县出云市大社町，占地2.7万平方米，社内祭拜“大国主大神”。据《日本书纪》记载，出云大社是建立在大国主让渡国家后所获得的土地上，是座年代久远、地位崇高的古神社，具有神话色彩。——译者注

②出云大社素以“结良缘”闻名，供奉结缘之神大国主命，吸引许多女性慕名前往参拜。——译者注

③又名稻羽之白兔，是在日本古代官修史书《古事记》中登场的神兔。它从淤岐岛来到因幡国（稻羽国），想欺骗海里的鲛鱼让它踩在它们的背上登岸，却被最后一条鲛鱼剥光了皮。大国主神的80个兄弟神教它用海水洗浴，再迎风晒干，结果全身都受了伤。而作为随从的大国主神则让它用洁净的水清洗干净身体后再裹上香蒲叶的絮棉做成的“蒲绒”帮它治好了皮肤，于是，这只白兔就作出了“兄弟神向八上姬求婚一定不会成功，你虽然背着行李，却能得到她”的幸福预言。——译者注

笔者是在上世纪50年代后期上的小学。在故乡的农村，《农业基本法》和经济高速增长政策带来的开发热潮还未席卷过来，到处是一派悠闲宁静的田园风光。在这样的环境下，笔者在上小学的时候总爱跑到山野间玩一通，夏天在河里游泳，冬天滑雪橇，春秋则抓鱼和采果子，也捣过蜂巢、玩过打仗游戏。同村的几个孩子都曾被蜂螫得鼻青脸肿，用黄栌做木刀结果脸上起斑疹，上学时立刻就被老师知道又调皮捣蛋了。农忙期间小学停课，笔者同祖父母、父母还有弟弟，全家一起种田割稻也很快乐。即使是在孩子看来农业劳作也是非常辛苦的，特别是母亲还必须做家务，根本没有休息的时候。种田割稻会腰酸背痛，脱谷即便用脱谷机也要劳作到深夜。但种田时泥土的那种感触和沉甸甸的被稻谷压弯了腰的稻穗的清香至今仍令人怀念。笔者还曾跟着祖母进入深山，让她告诉我松茸长在哪里。当时由于松茸非常稀少，所以价格昂贵。松茸生长的地方是保密的，一般都不告诉别人。祖母当时要我好好记住，但转眼笔者就忘得一干二净。

小学五六年级时，笔者开始痴迷棒球。町内五所小学举办的淘汰赛在春秋两季举行。当时无论哪支球队都没有棒球服和钉鞋，全都是运动裤加运动鞋。只有位于町中心的法胜寺小学的尖子选手一人穿着棒球服，让人稀罕不已。这虽比由阿久悠编剧的电影《濑户内少年棒球团》[①] 里所表现的时期还要晚10年左右，但情形大致相同。

沉醉在这种农村生活里的少年在1961年因小学毕业和父亲的工作调动而搬到了县东部的鸟取市居住。这是此后浮萍般漂泊人生的开始。鸟取市相对于日本其他的大都市来说，也许只是个地方性的小城

①主要讲述二战后，在物质极度缺乏但依然充满活力的日本，濑户内海淡路岛上的少男少女们在女教师的指导下组成棒球队的生龙活虎的故事。他们将战败时期的梦想寄托于棒球，是一部以少年的眼光来看待战后日本庶民生活的佳作，后被改编成电影。——译者注

市，但在当时的笔者看来却是个相当不错的城市。由于这之前过的是蹲坑式厕所和底部烧柴火式的浴缸的生活，所以带有冲水式厕所和燃气浴室的两房加一个客厅兼厨房的公司宿舍虽然狭小，但却方便舒适，而且再也不用去井里打水和烧洗澡水了。可是这里没有熟悉的田园风光。城市和农村之间存在壁垒虽然是发展中国家的特征之一，但日本也曾有过这样的时期。战后长期实施粮食配给制，就算来到城市如果没有购粮本也无法买到大米。

位于校区内的公立中学鸟取北中由于是一所重点以升学为目标的中学，所以跨区上学的情况很多，学生爆满。笔者是“团块一代”[①]正中间年份出生的学生。可能在这所学校里一个班级的学生人数本来就够多的了，所以没法再接受转校生。刚搬来的笔者只有到校区外的鸟取西中上学。笔者每天早上一个人去西中上学时，常常和从校区外反方向走来的去北中上学的一群学生擦肩而过。跨区上学的学生有好多人，但为何住在校区内的自己必须要绕远道去校区外上学呢？当时还是孩子的笔者心里感到有些憋屈，虽然现在回想起来还是不太追求应试教育的西中比较适合笔者。沿着西中上学路上的袋川流经鸟取市区，河里面的水黑臭不堪。

从农村生活到城市生活的转变对一个乡下来的少年来说是种强烈的文化冲击。这以后，笔者迄今为止总共搬过十九次家，在日本国内

①指日本战后的1947～1949年期间出生的人。1945年战争结束后随着大量士兵的复员，日本的出生人口剧增。1950年以后出生率下降，从而造成了1947～1949年间的出生率异常增高的情况。这一期间出生的人口数量由于远超其他时期的人数，所以伴随着他们的成长过程，给日本的经济活动和社会带来了很大影响。在上世纪60年代后期，他们不得不为了进入大学而进行“高考战争”。进入大学以后，这些人为反对越南战争和修改《日美安保条约》又成为学生运动（全共斗）的中坚，在全国范围内进行了激烈的学园斗争。80年代到90年代期间，他们又成为商界的中坚力量，引发了泡沫经济。进入21世纪后，他们当中又相继出现大量的退休人员，使得养老金赤字的财政问题表面化。官僚出身的作家堺屋太一关注到这一期间出身的人群带给社会的巨大影响，因而给他们起名叫做“团块一代”。——译者注

辗转，也曾长驻海外。

2. 长驻北京时期的生活

上世纪80年代中期笔者首次长驻海外北京时，必须从打扫连床铺被褥都没有的房间开始。被派来打扫清洁的青年两手空空，连刷子和水桶都没有，他说是由笔者来准备这些清洁工具。当时中国还遗留着部分社会主义计划经济，刷子因为是消费资料，杂货店里有卖。而用作刷子杆儿的木材由于是生产资料，必须在木材店里购买。两家都是国营商店。笔者不光对刷子和刷子杆儿分别放在两家完全不同的店面销售的情况深感惊讶，更对从不同的商店里买来的刷子上的孔竟然就能丝毫不差地插上刷子杆儿的情形感到惊奇。此外，房间内部设施的规格也因公寓房间的不同而各式各样。插座既有两孔的，也有三孔的。电灯也是既有插口的，也有螺口的。为了购买与之相配的插头和灯泡，不得不奔走于多家电器商店。笔者对社会主义国家里“商品”（消费资料）和“物资”（生产资料）的分类方法以及计划经济低效率的认识不是从理论和观念上获得的，而是从自身的文化摩擦的实际体验中认识到的。

在北京，笔者经常得到医院方面的关照。我家第三个孩子就出生在首都医院（现协和医院），在医院里感到不知所措的情况也很多。产前检查和实际分娩、住院时的医生和病房都不相同。如不提前拿到分娩住院许可证的话，一旦阵痛发作时就有可能吃闭门羹。新生儿被厚厚的棉被包裹得一层又一层，还用绳子把身体绑得笔直。这与笔者在日本被告知的脚呈M型为好的方法完全相反。产后的定期检查中，陪同检查的笔者一个人被人叫到一间稍稍昏暗的小房间里，心里不由得担心起母子俩的情况来。正在忐忑不安时，一个看似只有20多岁的女医生开始对笔者进行避孕方面的指导。这是因为根据计划生育政策，不让再生孩子。即使是面对着因出生率低下反倒成为问题的日本人，这位女医生也一丝不苟地劝我计划生育，她的认真劲儿不免令人莞尔一笑。

笔者还曾与身患痢疾的大儿子一道被隔离在位于北京地坛公园旁的一家传染病医院里——就是因"非典"风波而常在电视上出现的那家医院。如今回想起来，那是去北京赴任后仅一个月的某个星期天发生的事。那天一大早，全家第一次出远门去北京动物园。但刚到动物园没多久，连期待已久的熊猫都还没看到，两岁半的大儿子就开始哭闹起来，说是肚子疼。于是带他去了好几次厕所，其间发现孩子开始便血。这时我才意识到事情的严重性，便急匆匆地赶回家，马上给日本大使馆的医务官打电话。医务官说他因为马上要出差所以没办法亲自出诊，猜测孩子病情大概是痢疾，让我赶紧带着孩子去专给外国人和高干看病的首都医院就诊。还建议我说那里的医师可能会让我们转到传染病医院隔离，让我们多想想办法恳求医生让我们就在首都医院里住院治疗。

果不出所料在首都医院的大便检查结果为痢疾。医院立刻要送我们去传染病医院进行隔离，但由于救护车全都被派出去了，所以就用"红旗"轿车来送我们。去传染病医院隔离这事根本不容我们分说。我曾经也想过什么时候坐坐专给高干使用的那种黑色高级轿车，但完全没想到竟然会是以这样一种方式来坐的。

轿车在不知不觉中驶离了繁华的路段，在路灯都没有的黑暗中飞驰。我抱着筋疲力尽、无精打采的大儿子，孤单地坐在轿车里第三排座位上，内心惴惴不安地想这究竟是要带我们去哪里呀。

一到第一传染病医院的后门，几个护士慌忙地跑了过来。看到她们那热烈“欢迎”的样子，让我们感到这下总算是有救了。一位大约35岁左右的女医生一边哄着大儿子，一边给他的屁股上打针。我注意到她从一个用旧了的铝制饭盒里拿出来的注射器粗大得连给大人用都要嫌粗，担心这个会不会不适合给幼儿用，但我当时忍着什么也没说。从那天晚上起，我就和大儿子一起住进了窗户上安装有铁格栏杆的病房里了。

第二天，那个女医生又来了，想给孩子打针。大儿子一看到她，就吓得哇哇大哭起来。也许是出于父母对孩子的溺爱吧，这下我实在忍不住了，不由得脱口说道：“在日本，现在都不给打屁股针的！”大概是我那差劲的汉语表达得太直接生硬，听了这话的女医生脸色一下子就变了，“既然你说日本不这样治的话，那我就不治了。”说着，含着眼泪跑了出去。

“我只有一个12岁的女儿，所以很喜欢男孩儿。”面对这位亲切地对待我们这对素昧平生的日本父子的女医生，我竟然说了如此失礼的话。我既为我们这样被置之不理感到为难，又担心用了那个注射器会留有后遗症……思来想去后决定向院长说明缘由，委托她来从中调解。经过这位老太太的调解，那个女医生又回来了。作为妥协方案，再只给孩子打一针。

这家医院里的医生和护士几乎都是女性。她们都觉得大儿子长得很可爱，没事也经常来到病房，挨个儿地抱孩子逗他玩。只要没生病的话，可能再没有其他地方比这里更加充满慈爱、住得舒心了吧。

最后，大儿子住了一周就出院了。通过在第一传染病医院的这次经历，让我学会了在之后的海外生活中所需具备的一种“思想准备”。这就是即便是体制和社会相异，但人们的感情都是一样的，只要用真诚的态度去努力交流，双方就一定能互通心意。

在长驻北京期间的1985年冬天，笔者曾休假，和全家一起去香港旅游了一周。在药店里购物时，突然听见大哭声。我发现一岁半的二儿子不见后，慌忙朝哭声传来的方向追了过去。一个穿着像侍者的黑西装的青年男子抱着孩子，正要从商店的入口往街上跑。笔者一把抓住这个男子，抢回次子后质问他，男子辩解说：“想去找孩子的父母。”“既然要找还在店内的孩子的父母，那你为何一声不吭呢，而且有必要跑到店外面去吗？”虽然心存这样的疑虑，但没能再继续追究。笔者和妻子都以为对方在照看着孩子，真是一对不成熟的父母。同香港的朋友谈起这事时，据他们说有拐卖小孩的情况。其中还有让小孩乞讨来挣钱的坏蛋。一想到如果当时二儿子因为害怕而没能哭出声来的话……至今想起仍不寒而栗。二儿子此后好几年一看到乌鸦之类黑色物体时就感到异常害怕。

在北京时家里还曾聘请过不住家的保姆和厨师。幸亏当时中国刚刚改革开放，低工资的情况还很普遍，我才能雇得起家务帮手。在我家，我们把保姆叫做阿姨。阿姨40多岁的年纪，体重超过70公斤，身材胖胖的。她的脸上总是带着笑容，让周围的人都感到开朗快乐。她有一儿一女两个孩子。

她原来是名工厂工人，由于是头一次做保姆的工作，好像常常对洗衣机的用法等不知所措。但她完全符合我们提出的条件，这位阿姨是个非常喜爱孩子的人，人品也温厚直爽，和我的三个孩子很快就亲近起来。孩子们“阿姨，阿姨”地叫着，黏着她，她对待工作也很尽心尽责。阿姨在我家工作的两年时间里，仅仅迟到过一次。那天早上，她上班途中骑着自行车在结冰的道路上摔倒了，手都渗出了血。她虽然是一番好心，却有些顽固，总劝我们说孩子穿中式的开裆裤才方便。可是，在肌肤有点寒凉的天气里，孩子们穿着短裤和裙子外出时，又会被阿姨责骂道："不行，不行，这么穿对身体不好！"我们只好认为阿姨说的话有些自相矛盾。

我们全家去香港旅游时，阿姨看到我们带的那么多行李全都是换洗衣服，担心行李太重，就说："只是一周时间的短期旅游，用不着带好几套换洗衣服的。10天左右不换内衣也不要紧的。"

一到厨师休息的周六和周日，阿姨总是把她从家附近的自由市场里买来的青菜大捆大捆地往我家里抱，但绝对不要我们给的菜钱。萝卜、土豆、胡萝卜、洋葱等这些菜，在北京的日本人经常买。可阿姨却说："这些菜，我们是不怎么喜欢吃的。"好像她个人就代表了所有的中国人一样。她还说菠菜因为必须要摘掉烂菜叶，非常麻烦，所以不爱吃。其实她是怕我们不好意思收她的东西才故意这么说的。

笔者曾两次看到阿姨泪眼婆娑的样子。一次是笔者在客厅看报纸的时候，阿姨一脸认真地问道："先生相信灵魂的存在吗？""中国不是社会主义无神论的国家吗？可……"笔者正对这一奇怪问题感到不知如何应对时，她泪水涟涟地给我讲述了由于1976年的唐山大地震，她一下子失去父母和兄弟姐妹全部亲人的经历。老百姓的内心无论是日本人还是中国人都是一样的。

第二次是在我们全家回国的那天，她来机场为我们送别的时候。看着她那穿着中山装、两眼哭得红肿的样子，好像是我们把孩子从她身边夺走一样，弄得我们也有些尴尬。她从我们回国的半年前起就常说不忍分别。三个孩子中，她最疼爱的是在北京出生的二儿子，阿姨嘴里念到"头子头子一个一个"，让二儿子滴溜溜地转动小脑袋，阿姨总是用中文做这样的小游戏逗孩子玩。不知不觉中就让二儿子很机灵地记住了这样的对话。

“你喜欢阿姨，是不是？”

“是！”

我们全家回到日本后还时常想起阿姨，就会回味阿姨的这些对话和小游戏。在谈起这些往事之前，我们一问到“阿姨现在怎样了？”二儿子就会想起站在北京机场里流泪的阿姨，接着便“呜—呜—”地假装哭起来。

3. 在中国国内的实地调查

在中国，笔者经常为了去实地调查而独自旅行。1986年去西藏出差。先从北京到成都，然后再换乘飞往拉萨的班机。在成都停留一宿后的第二天早上5点，在飞机起飞前两小时赶到机场，窗口前的队伍早已排成长龙。背着帆布背包的一对外国白人青年情侣似乎没有预定，没买票就在那里争吵。这时从里面房间走出来一个男职员说了三言两语后，递给这对情侣两张机票。笔者看到此情形不禁赞佩他们对待乘客真是亲切。可是当轮到自己时，就根本不是这回事了，竟被告知飞往拉萨的机票已售完。到底怎么回事？难道是我事先没通过旅行社预定吗？而且还早已定好在拉萨和西藏自治区政府机关的会谈时间……笔者拼命向他们抗议。于是，刚才那个职员说头等舱倒是有空位。为救燃眉之急也就顾不得其他，笔者决定多付八成机票钱坐头等舱去。登机后一看，刚才那对情侣也坐在经济舱里。如果不把那两张机票卖给他们，笔者一个人的座位也就能空出来了。头等舱里空荡荡的，连笔者在内只有三名乘客。即便如此，从机窗看到喜马拉雅山脉那连绵不绝的雪峰时，对于那多付的机票钱还是感觉大大超值的。

拉萨和北京有三小时的自然时差，但全中国都是按照北京的标准时间来运作。因此，当地人被强加了许多生活上的不便。也许是高原反应，抵达当天的晚餐时分，笔者完全没有食欲。即使已到了晚上7点也还是日头高照，实在是没有吃晚饭的心思。离开拉萨那天的情况则更为糟糕。飞机早上7点起飞，为了乘坐班机必须6点抵达机场。当时拉萨市内到机场需要两小时，所以要在北京标准时间4点从宾馆出发。按照拉萨当地时间的话，也就是半夜1点左右就要开始整理行李做好准备了。

因时差带来的文化摩擦在1990年笔者去新疆维吾尔自治区的乌鲁木齐时也曾经历过。对自治区计划委员会的采访在中午告一段落后，约好下午两点再开始。但到了两点笔者走进会议室后左等右等谁都没来。好容易到了下午4点，对方人员才全员到齐。大家都是一副理所当然的表情，说按照乌鲁木齐时间来说两点就是北京时间的4点。另外说句题外话，笔者在乌鲁木齐市内的一家私人经营的饭馆里吃到的羊肉馅儿小饺子和在郊外一户维吾尔族农民家里吃午饭时吃到的蒸土豆的风味至今难以忘怀。

当年笔者还曾到位于黄土高原地带的陕西省武功县进行过农村调查。笔者访问住在山上挖出的洞穴（窑洞）里的农户后才得知这家共有六个孩子。于是就问他们："农村虽然允许生两胎，但六个孩子难道就不违反计划生育吗？"他们却回答说这是合法的。据说丈夫和妻子各自可自带两个孩子，再婚后还可再生两个，所以没有违反计生政策。果然是"上有政策，下有对策"。当听他们说六个孩子和老奶奶一起睡在只有一张榻榻米大小的火炕上时，笔者心想这今后的生计想必会很艰难。虽然是别人的事，但不由得为他们担心起来。

长江上修建三峡大坝之前，1993年笔者曾从长江中游的四川省（现重庆市）万县奉节坐船到湖北省宜昌。即李白诗中写的“朝辞白帝彩云间，千里江陵一日还。两岸猿声啼不住，轻舟已过万重山。”的这段行程。因为乘坐的不是观光游览船而是普通的客运轮船，所以背着铁锅和被褥等大件行李、外出打工的人们使得船舱变得拥挤不堪。幸亏双人间的二等舱还空着，笔者于是单独住了进去。到了晚上，隔壁房间里传来船员们打麻将的吵闹声，抽烟的呛人烟雾也飘了进来。正当笔者睡得迷迷糊糊时，突然房门被打开，一个像是乘客的男子走了进来，瞅着室内，还拿着扫把和撮箕。过了不久另一个男人又进来把烟灰缸和杯子拿走了。这全都是在只能搭句话的工夫里发生的。想到稍微一大意，自己的行李也会面临危险，笔者突然不安起来。如果对方是个强盗，并与之争斗起来，说不准自己会被绳子绑个结实，然后直接从船上给扔进江里，此生就此了结。又没在乘船旅客名单上写上自己名字，顶多只会在日本报纸的某一角落里登载一则一个日本人在中国长江旅行途中失踪的消息。这之后笔者根本无法入睡。

凌晨1点多一到宜昌后，笔者就乘坐通过朋友帮忙安排的接送车辆驶向宾馆。一路上司机一边指着黑暗里聚在一块的人影，一边恐吓道：“要不是这车来接你，你肯定都遇上强盗了。”因为必须乘坐早上7点的火车，所以就直接让这位司机再把我从宾馆送到宜昌火车站。当递给司机事前说好的全部接送雇车费用时，他嫌少，一直跟到了车站月台。列车就要开车了还拉着笔者的手不放。笔者大声和他争论时，从列车上下来个铁路警察过来询问。一看到警察，司机就像兔子般的跑了。但一难过去又来一难。在列车上又被警察刨根问底地仔细调查。笔者说打算去湖南省怀化县进行农村调查，结果他说要派公安的车辆跟着。再三婉拒后，说要给我安排个卧铺，又被收取了车票的差价。

卧铺车是一间小包厢，可以容纳四个人。一看我是日本人，其他包厢里的乘客都聚拢过来，竞相开始提问。谈到香港回归的话题时，才知道他们全都认为香港最后一任总督克里斯托弗·帕藤（Christopher Francis Patten）是个中国人。就算我给他们解释说他原是英国保守党的前主席，他们都难以置信，认为报纸上不是写着个中国人的名字“彭定康”吗？就算只有这种程度的知识，他们也还在滔滔不绝地谈论香港问题。从他们身上，笔者感受到了某些中国普通民众的一种固执。

这次旅行中也遇到过留在内心记忆里的相遇。抵达奉节港时，从江堤上跑下来十多个手拿扁担的年轻人。正想着怎么办时，他们把笔者围起来，想帮着拿行李。笔者虽只有一个帆布背包，但看情形实在难以拒绝。于是指了指其中一个最年轻的小伙子，决定让他帮我拿行李。他说自己姓龙，16岁，但看起来更小。据他说自己老家是距奉节还要走一天的一个偏远小山村。家里有爷爷奶奶、爸爸妈妈和妹妹，光靠务农无法生活，为了减轻家里负担才出来打工的，如果有可能他想去武汉工作。回程的车票也让他去窗口帮我买。售票窗口非常混乱，实在不是一个外国人能够抢赢的一种状况。当笔者递给他包含搬运费在内共5元（当时汇率约为1元兑换19日元）的酬谢时，没想到能拿到这么多钱的小伙子憨厚地对我笑了。接着拜托小龙带我去港口附近最好的酒店。这家酒店里没有自来水，洗脸都必须要让服务员把水打在洗脸盆里。厕所也是中国农村里常见的用水泥矮墙隔开的那种。但在一楼餐馆里吃到的拉面却是大瓷碗里满满地盛着青菜和肉，非常好吃，价格也非常便宜，只要9角钱。第二天，在淅沥的小雨中一走出宾馆，根本没有拜托他的小龙在等着我，并把我送到了港口。同小龙的相遇虽仅此而已，但让我切身感受到了在中国有着许多这样的年轻人为了生活而拼命地努力着。

4. 布拉格和柏林之旅

1989年，笔者采访了正处于民主化进程中的“天鹅绒革命”最高潮时期的捷克斯洛伐克。这是自1968年8月“布拉格之春”被苏联战车碾碎以来，时隔20年的一场民主化运动。从傍晚开始，各个市民团体高举捷克斯洛伐克的国旗进行游行，而人们从公寓的窗口微笑着向他们挥手。巴斯拉夫广场上聚集了大量人群，几乎无法动弹。骑士塑像的周围被无数只点亮的蜡烛映照着。第二天莱托那（Letna）广场上的50万人集会是游行的高潮。在刺骨的寒冷中，从清早开始，人们就聚集过来，聆听几个领导人的演讲一直到傍晚左右。虽然还是民主化之前，但笔者在布拉格下榻的外资酒店的电视节目里却看到播放着西德的广告和露骨的色情录像，从而确信捷克斯洛伐克的社会主义体制即将崩溃。巴斯拉夫广场和莱托那广场上聚集的群众满怀热情和希望。见到这一情形，不由得让我感受到了西德的广告中蕴含着的更深层次的资本主义的威力。

离开布拉格的那天，笔者坐在开往柏林的列车上等待发车时，突然一个像是捷克人的男子满脸通红地对着笔者吼了起来，好像在说这是他的座位。笔者把车票给坐在对面的一个懂英语的捷克人看，请他来进行调解，最后判明是怒吼的男子自己弄错了车厢。这个男子只对调解的捷克人讨好地笑了笑，而对笔者一句道歉都没有，就匆忙往隔壁车厢走了。笔者对这一极其无礼的态度感到愤懑不已。坐在对面的捷克人也许觉得笔者可怜，于是在餐车里请我品尝捷克的啤酒和火腿。据他说捷克的啤酒是世界上味道最好的。德国啤酒之所以好喝就是因为使用了捷克产的啤酒花。

这次旅行恰逢苏联、东欧社会主义剧变，对笔者来说也是个难得的经历。从东京经莫斯科飞往法兰克福的俄罗斯国际航空的班机内没有指定席和禁烟席之分，大家先来后到地就坐。晚餐时分，看似柔道队的一队日本学生乘客叫嚷着只有他们没给发面包。闹得很厉害后，乘务员才不情愿地开始给他们分发面包，而在机舱后面的大塑料袋里装满了面包。飞机是意大利航空公司（Alitalia-Compagnia Aerea Italiana S.P.A）的一架旧飞机，也许是暖气设备不行的原因，大家简直都快冻僵了。经过长途飞行，在莫斯科机场平稳无颠簸地着陆后，机舱内意外地响起一阵掌声。飞机虽很破旧，但空军出身的民航飞机驾驶员的高超技术无论是在苏联还是中国都是一样的。

笔者在抵达目的地法兰克福后，拿到的行李箱上破了个拳头大小的洞。因听说过如果把照相机之类贵重物品放进行李箱的话，很容易在中转的莫斯科机场被盗，笔者便来到机场服务台投诉说："我还要去各地旅行，你们看这到底怎么办？"负责接待的一位女士非常淡定地竟然用胶布粘好破洞和破裂处后对着笔者微笑。看来这是他们的惯用伎俩，再继续追究下去就不知趣了。

深夜的法兰克福机场里还有许多中转乘客，拥挤不堪。由于都是经过长途旅行之后，谁都是一副疲惫不堪的样子。一个像是当地长驻人员妻子的妇女抱着两个年幼的孩子和几个行李非常吃力。这时一个背着旅行包的日本妙龄女孩同她说了几句话后，一把抱起一个小孩，麻利地开始搬起行李。包括笔者在内的周围几位男士全都惊愕女孩这股利索劲儿，只是呆呆地看着。已经习惯并适应旅行的人就是指这样的人吧。

柏林的研讨会结束后的回国途中，在东柏林的机场里没有任何广播，从一大清早起一直等了一整天。由于直到傍晚过后才被告知航班因浓雾而取消，结果在当地又停留了一晚。在返程途中的莫斯科机场，入境管理人员还暗地里兼做带领中转旅客参观红场的副业。在体制转换时期，产生了各种体系上的龃龉。

5. 回归中国前的香港

笔者于1996年移居神户。初次看到的神户街景感觉与数年前长驻过的香港非常相似。两者都是港口城市，都有很多坡道。从香港的最高处看到的夜景曾被赞誉为价值百万美元的夜景，而从六甲山上看到的神户夜景也很美。神户当地女士的穿着，无论好坏，都像是从时装秀中直接穿出来的一样。而且最重要的是这里对外来人口和外国人既开放又热情。汇丰银行和渣打银行从明治初期开始就在神户开设了分行，香港和神户之间的联系从很早以前就已经开始了。

在香港，小岛的山腰里鳞次栉比地耸立着众多的高层公寓。笔者就曾租住在靠近游览名胜——虎豹别墅的一幢公寓的17层。之后过了很久才从香港朋友那里听说这幢公寓是由墓地改建而成，所以风水不好，香港人都不住那里。还说建设过程中，有好几个建筑工人坠亡也是由于这个原因。本来就是高温、湿气重的地方，又在山上修建高层建筑，所以时常被雾气笼罩。为了防止发霉，即使是在气温为15度左右的冬天，也要整天开着冷气。这样也就能够理解如今香港电力消耗量的1/3全都用在了冷气上。而且，由于赴任的1992年从4月起连绵不绝地持续下了三个月的雨，最终影响到了笔者的身体健康。

即使是建筑面积70～80平米、三房外加一间客厅兼厨房的中档公寓，月租也要3万港元（约50万日元）。越是靠近山顶的高级公寓，房租就越贵。幸好是工作单位替我支付房租，这个价格确实不是个人能够负担得起的。在回归中国以前，香港作为连接中国大陆和国际社会的窗口，占尽优势。而如今日本企业的派驻人员则住在上海和北京等中国大陆地区，香港的中档房租也降至30万日元左右，但当时很多日本企业都把中国业务的据点设在香港。

我的房东是个27岁的女性，在我因工作而忙碌时，她却经常请长假去东南亚旅游。尽管认为人们从年轻时起就投入到资产投机当中，而不愿流汗努力工作的社会是不正常的，但笔者自己也无形中助长了这股风气。笔者决定在弹丸之地的香港不要小汽车，于是就和房东商量不要停车场能否降低房租，却被房东以房子和停车场是一起的为由给拒绝了。可是不知何时起停车场又被房东租了出去。于是笔者向房东抗议："如果有客人来访时不就没地方停车了吗？"她却说因为我说过不要停车场，所以就不降房租把停车场收回去了。

在香港也经历过拿签证的种种麻烦。一开始笔者全家的赴港签证提前三个月就已申请了，但迟迟没有批下来。虽然对香港大学的工作签证需要花点时间办理还是有思想准备的，但签证最后是在出发前三天才批准下来，非常紧张。香港因为当时还处于英国统治之下，日本人的工作签证需要把资料送往英国本土进行审查，为此耗费了时间。入境香港后，为办理每位家属的居留证，一到香港的出入境管理局就无一遗漏地都被采集了指纹。

召集中国大陆、香港、台湾及日本的研究学者在香港举办研讨会时，我们为了帮助大陆来的研究学者拿到香港的入境签证而非常的操心费神。由于中国某国家机关的外事办公室耽误了他们的申请材料，如果按照通常的手续流程就来不及了，于是对方打来电话希望我们这边催促香港方面尽快办理签证。此时距研讨会的召开只有两周时间了。而且，这两周还包括春节休假。都说取得大陆赴港签证通常需要两个月的时间，这个要求实在难以办到。最终这个签证多亏了香港大学亚洲研究中心的所长和秘书的尽力帮忙，才总算赶上了时间。然而，大陆来的研究学者到了香港后我们才知道签证上允许停留的天数很短，这样一来他们就不得不在研讨会结束前先期回国。

笔者从香港直接调动工作去美国时的签证申请也不顺利。拿到了加州大学访问学者的接收函，手续上应该是没有任何问题。但到了美国驻香港总领事馆后，入口处的香港工作人员不让进，还叫我把存款账户的复印件和孩子的照片拿来。我向他抗议说签证申请规定中写着16岁以下的孩子不需要照片，但对方根本不加理会。因为在烈日下排了两个小时队，所以不免怒上心头。然而后面还排着许多人，不得已退了回来。第二天带齐这些资料，才终于让我进了门，但后来在和美国工作人员的交谈中被告知存款账户的复印件和家人的照片都不需要，不到一分钟就全部办好。

6. 反战和平的城市伯克利

在美国加州的伯克利，通过大学的介绍，笔者在郊外的肯辛顿租到一处带院子的独门独户的房子。这是傍晚从客厅的窗口远远地可以看到夕阳从旧金山的金门大桥上落下去的观景房。房间全部电气化，还安装了集中供暖系统，但房租只有香港的约1/7。

入住后不到一周的一天晚餐时分，美国邻居家的妻子慌慌张张地跑了进来。她外出回来后发现自己家进了强盗，想借用电话叫警察。

她丈夫拿着枪在家门外面守着以防强盗逃跑。立刻赶来的五六个警察包围了邻居的家。一个警察拿着枪穿过我家客厅。另一个女警察也拔出手枪，再三向笔者确认“你家没养动物吧？”之后，从后院靠近邻居家的房子。犯人是三个高中生，不一会儿就被抓住了。笔者刚来美国不久就被这惊险的一幕吓破了胆。

伯克利这座城市的反战和平意识相当的高涨，市议会还通过了反对空袭阿富汗和向伊拉克派兵等决议，并热心致力于社会福利，全城都有无障碍设施。坐着轮椅的日本留学生满街穿行，还曾独自来拜访笔者位于大学里教学楼四楼的研究室。在位于住宅区的幼儿园门前的道路上，特意建起高30厘米左右叫“Bump”的突起路障，为了让过往车辆减速。在社会福利设施里，为了帮助外国人就业还开设了免费的英语课程。面向外国人的志愿者活动也非常丰富。笔者的三个孩子虽然在家附近的当地学校上学，但很担心他们能否跟上英语课。结果一所叫肯辛顿山顶学校的小学把自己这三个根本不会说英语的小学生全部接收下来。刚转校时，还有上历史课时配备会说日语的辅助教师的制度。经伯克利“基督教女青年会”（YWCA）的介绍，一位叫做Schwartz的日本学专业的大学生作为志愿者来给读小学六年级的大儿子教授英语。与其说他教的是英语，不如说是教授了一种人生的态度。我们对一直以来缺乏积极性、老实温顺的大儿子开始有坚持自己的意见，并积极行动的变化感到非常惊喜。

同这些长驻海外时体验到的众多文化冲击相比，对笔者来说思乡之情和精神紧张程度都不如少年时期在鸟取县内搬迁时的体会那么强烈。文化冲击有时也像这样，国内迁徙比去国外反倒感受到更为强烈的冲击。此外，文化冲击会因个人经验和适应程度的不同而有某种程度的缓和也是事实。这样生活在原来陌生的地方几年以后，人和人之间产生了联系和感情，也就“久住为家”了。虽然辗转各地，但无论在哪里，生活一旦稳定下来，笔者也就难离此地了。

二、日本国内的东部文化圈和西部文化圈

笔者在日本的关东和关西两地都曾居住过，注意到关东和关西在文化和生活样式上存在着种种差异。这其中既有食品的称呼不同等无关大体的情况，也有商业贸易和交通习惯上造成文化摩擦的较大差异。东部文化圈的代表是以东京为中心的关东，西部文化圈的代表是以大阪为中心的关西。那么关东和关西具体是指哪些地区呢?

《广辞苑》词典中解释说现代的关东是东京、茨城、枥木、群马、埼玉、千叶、神奈川这“一都六县”的总称，而关西则是指京阪神地区。常识上《广辞苑》的解释没有错，但实际上对地区的限定并不一定这么简单。根据经济产业省的定义，静冈县也属于关东。但按照财务省的定义，静冈县则属于东海地区，而新潟县属于关东。众参两院选举的比例选区中,关东的区划和《广辞苑》一样，但关西包含有大阪、京都、奈良、滋贺、和歌山、兵库这“两府四县”。按照经济产业省的定义，这其中还要加上福井县。笔者自2005年起连续三年担任了关西广域合作机构（KC）东亚交流合作平台的研究会主持人一职。当时的构成成员是“两府七县”。除上述的“两府四县”外，还有来自福井、德岛、三重三个县的负责人员出席。

顺便再说一句，按照铁路来区分的话，JR东海道本线[①]和山阳本线[②]的分叉口就是神户站，东北本线[③]的起点则是上野。

所谓关东和关西的区域范围也不太严密，东部文化圈和西部文化圈的边界究竟在哪里实际上也说不太清楚。据某一周刊杂志调查的乌冬面和荞麦面的汤汁颜色在东海道沿线的哪个地方开始由关东风味的黑色变为关西风味的淡茶色的结果来看，其分叉点据说是在岐阜县的大垣一带。由于夫妻双方各自老家和个人喜好的不同也会存在着差异，所以希望大家对日本东西各地的这些习惯或多或少地适度看待为好。

在关东，人们都是站在电动扶梯的左边，空出右边以供他人通行。关西则相反，是站在右边空出左边。一旦弄错是空出左边还是右边，就会遭到后面超越者的白眼。笔者上课时听到一个来自爱知县的男生说过这样一件事。初来神户时，他在新神户站的电动扶梯上站在了左边。这时听到一声“干吗呆呆地杵着？”随后被一个像是黑社会的大叔抓住胸口，差点被暴打一顿。文化摩擦的洗礼有时会以一种意想不到的方式袭来。

举办了2010年世博会的上海正在推行站在扶梯右侧、空出左侧通行的方式。在北京也同样是站在右侧。关西式的做法看似即将成为国际标准。

为了防止和提醒电车门夹手的警示标语在关西写作“指つめ注

①东起日本东京都千代田区东京站，西至兵库县神户市中央区神户站，是东日本旅客铁道公司（JR东日本）、东海旅客铁道公司（JR东海）及西日本旅客铁道公司（JR西日本）的传统铁路干线。——译者注

②是由日本兵库县神户市中央区神户站至福冈县北九州市门司区门司站，沿濑户内海行走的西日本旅客铁道公司（JR西日本）与九州旅客铁道公司（JR九州）的铁路干线。——译者注

③由东京都千代田区东京站开始，直至岩手县的盛冈市盛冈站，以及青森县的八户市八户站开始，直至青森县的青森市青森站为终结，属于东日本旅客铁道公司（JR东日本）的铁路干线。东北本线的里程起点为东京站，但1885年开通以来，东北本线的列车始发起点是上野站。——译者注

意”（当心手指插入车门，‘指つめ’的日语发音同日本黑帮盟誓时断指的‘指詰め’发音相同）。从关东来的人则会由此联想到黑帮为解决纠纷而切掉小手指的情形。

在关西，黄灯亮时不少车辆都不停，其中还有冲闯红灯的车辆。所以在交叉路口等红灯的车辆在绿灯刚刚亮时是不能立刻开车的。东京人在横过斑马线时，不管有无车辆通过大多在红灯亮时都会等待。而大部分大阪人则是就算是红灯，如果没有车开来的话也会通过。

中国也有类似大阪人之处，有这样一个笑话。一个中国留学生在美国和他的美国女友深夜一起兜风。在叉口的红灯亮处停了下来，但周围一辆车都没有，又无行人，于是他又把车发动起来闯了过去。次日，他接到女友的分手电话，理由是“连红灯都不遵守的人真不知将来会干出啥危险的事”。后来，这个中国留学生回到中国，又有了个中国女友，又遇上了同样的情况。这次，他吸取上次的教训，虽然路口没有一辆车通过，但他还是坚定地遵守了红灯规则。第二天，中国女友又打来电话要求分手，理由却是“明明一辆车都没有，却连红灯都不闯。这么没出息的人是不会有将来的”。在中国还有一句虽然有些粗俗，但讽刺那些不必要的麻烦的谚语叫做“脱裤子放屁”。无用的形式主义好像在中国也不被推崇。

租住单门独户的房子时，在关东，除了每月的房租以外，还要向房东支付一个月房租做礼金和两个月房租做押金。退房时这些钱一般不会退还。在关西虽然不需要给房东礼金，但通常必须押上十个月的房租做押金，并且租客搬走时大概会扣掉四成左右的押金。这对租客来说是个相当沉重的负担。如前所述，笔者搬过多次家，每次都要租房。在关东和关西都曾体验到的令人吃惊的文化摩擦是房产中介总是宣称“按房东要求，这房子只借给在股市主板上市的企业里工作的员工”。此人如果带着老婆和孩子来租房，房产中介也这么对他说的话，他自己又会怎么想呢？在香港和美国，只要交房租，就根本不会过问工作单位之类的个人情况。

烹饪方法的差异也会成为文化摩擦的原因。因为每个人都喜好从小就习惯了的味道，所以很难接受其他地方的烹饪方式。特别是每天都吃着相同食物的夫妇之间必须要有一方迁就对方。鸟取县属于吃圆形年糕的西部文化圈，而新潟县则属于吃方形切块年糕的东部文化圈。笔者以前住在大学里的研究生宿舍时，一位老家是新潟县的高年级同学把从故乡寄来的年糕分给我吃的时候，我还以为是为了便于装箱邮寄才特意把年糕切成方形。新年里吃的“杂煮”[①]也是各地大不相同。在新潟，人们是在白菜、芋头里加鲑鱼及盐渍鲑鱼籽等食材。在鸟取则是在1月2日食用红豆馅做的年糕红豆汤。在香川是用白酱汤来煮豆沙馅儿的年糕。在关东吃日式牛肉火锅时要先做汤底，然后再往里面加牛肉和大葱等。在关西，不加白菜的牛肉火锅就已经让人无法想象了，而且调味也是在加入牛肉和青菜后再添加糖、酱油等调料。在关西，每户家庭每年沙司的购买量是2.4升，约是关东的1.4倍。这是因为关西人经常在家里吃章鱼丸子和杂样煎菜饼[②]（“御好烧”），还常常在“天妇罗”、咖喱饭上加上沙司。

关东的“麦库”（即麦当劳）和“歌曲广场”（即KTV）在关西分别叫作“麦库冬”和“大型歌会”（巨型卡拉OK）。两边的叫法在世俗气息上都不分上下。食品的称呼也不一样。关东的肉包子、

①日本习俗元旦早上吃的一种年糕汤，除了年糕以外，各地还将各地的土特名产加入一起煮。——译者注

②在加了水的面粉里加入肉、鱼、贝类和蔬菜等材料后在铁板上煎制而成的一种饼子。吃的时候要另外沾上调味酱吃。具体的制作方法和材料根据地域不同而不同。——译者注

面油渣、猪肉酱汤、红豆沙煮年糕、猪肉馅、菲力肉、茼蒿、四季豆、炒饭、寿司饭，在关西分别叫做猪肉包、天渣、豚酱汤、小豆年糕汤、猪肉末、肋条、菊菜、芸豆、烧饭、散寿司。在关东说起大葱其实就是关西说的白葱。关西的青葱在关东叫小葱。关东说起“狸乌冬面”是指加了面油渣的乌冬面，在关西则把这叫做“洋乌冬面”。关西的“狸面”是指加了油炸豆腐的荞麦面，相当于关东的“狐荞麦面”。蒲烧鳗鱼的做法在关东是从鳗鱼的背部切开，而在关西是从腹部切开。有这么一说，因为腹部切开的方式既容易烹饪，又是鱼类宰杀的常用方式，但在武士较多的江户，人们是很厌恶“切腹”的。

日用品的称呼上也有差异。在关西很多人把衬衫叫做敞领长袖衬衫。灯油的PE储存罐的颜色在关东是红色，关西则是蓝色。关东的“垫褥子”在关西则叫做“铺褥子”。

语言上的差异有时也会产生意想不到的误解。在关西说“修理一下”是指整理好的意思，而非真正的修理之意。“丢着吧”是指扔掉，而不是放置不管。笔者上课时听一个来自横滨的学生说他在神户的一家小酒馆里打工时，洗碗过程中手滑了一下摔碎了盘子。店长一开始没有为此责备他，只是对他说“盘子丢着吧！”他有些纳闷“就这样把摔碎的盘子扔在地上行吗？”但还是按店长的话扔在那里没管。一小时后，店长来到厨房，看到破碎的盘子还那么扔着就怒气冲冲地吼道：“不是叫你丢着吗？蠢材！”在关西“アホ”（呆子）一词有时是含有亲密的意味来使用的。真想激怒对方的话，是说“ボケ”（蠢材）、“カス”（人渣）、“スカタン”（白痴）。在关西方言中，把新的物品叫做“さら”（新货），虽然音调有点差异，但和东京标准语中的“さら”（盘子）的发音相同。还真有这样一件事，一家服装店里大阪出身的店长让店员把“新货”拿来，结果东京出身的店员错听成把“盘子”拿来，结果真的拿来盘子后被店长责骂了一顿。

“江户落语”①和“上方落语”的味道也不尽相同。江户形式的落语是落语表演家跪坐在一块蒲团上开讲，上方形式则多半会放置一张“见台”②。要说上方落语说的都是些比较高雅，且有模有样的小笑话的话，其实也并非如此。江户落语的《时刻荞麦面》是连《广辞苑》辞典也将其收录在内的一个有名的小故事。冬天里寒冷的一天，一位吃完荞麦面的客人在百般称赞荞麦面的美味后要向老板支付16文的面钱。“1、2……”他一边数着铜板一边递给老板。当数到第8个时，他问面馆老板：“大叔，现在几点？”老板答道：“嗯，9。”于是，这个客人就顺着继续往下数“10、11……16”最后蒙混了一文钱之后走了。一个在旁边看到整个过程的男人对此非常佩服，第二天他也想学着做。在递给8文钱后，他也问：“大叔，现在几点？”因为当时时间还早，店老板回答说：“嗯，4。”这个男人就顺着数“5、6、7、8……”结果多付了4文，到头来反而还亏了。这个蒙混面钱的《时刻荞麦面》的故事在上方（今关西地区）落语中则以《时刻乌冬面》为题来讲述。

“漫才”③则无须列举出花菱阿茶子和横山延辰、都蝶蝶和南都雄二、西川清和横山靖等众多漫才大师的名字，在关西是百花齐放。都说大阪人之间在说话时各自会分担捧哏和逗哏的角色。也许孕育漫

①落语是日本传统曲艺形式之一，其表演形式和内容与中国的传统单口相声相似。江户落语为流行于东京地区的落语形式，语言风趣俏皮，品位较高。上方落语是起源于大阪，流行于大阪、京都一带的落语，语言偏俗，令人备感亲切。——译者注

②类似阅书架。——译者注

③漫才是日本曲艺的一种，又称万岁或万才。一般由两人表演，以幽默风趣的语言艺术见长，类似中国的对口相声。——译者注

才师的幽默风土就在大阪。相对于涩谷天外和藤山宽美的松竹新喜剧[①]、藤田真和白木实的《就是这么一回事儿！奇妙之旅》[②]、花纪京和间宽平他们的吉本新喜剧[③]和大多讲述市井平民人情故事的关西的喜剧来说，关东的“疯狂的猫咪”和“流浪者”，还有“短篇55号”这些演艺组合在人际关系的演绎上也毫不拖泥带水。娓娓道来世间人情义气的“浪曲”[④]在江户时代的大阪（古称：难波、浪速、浪花）兴盛发展，正如其文又被称作“浪花节”。

表3–1 日本关东和关西地区文化差异的比较

事项	关东（东部文化圈）	关西（西部文化圈）
电梯 频率 电车门	左侧站立 50赫兹（效仿德国） “注意夹手”	右侧站立 60赫兹（效仿美国） “当心切手”
店铺名称	麦库、歌曲广场	麦库冬、巨型卡拉OK
年糕的形状	方形	圆形
乌冬面、拉面	木鱼高汤、汤汁是黑色的； 狸乌冬面（加了面油渣，在大阪叫“洋乌冬面”）； “假面”荞麦面（什锦荞麦面）	海带高汤、汤汁是茶色透明的； 狸面（加了油炸豆腐的荞麦面，在东京叫“狐荞麦面”）； 桌袱面（鱼糕紫菜什锦面）
炒饭和散寿司的称呼	炒饭、刺身、寿司饭、拌饭	烧饭（炒饭）、“御作”（生鱼片）、散寿司（什锦寿司）、什锦饭（加料饭）

①指松竹电影公司下属的喜剧剧团表演的节目，以通俗易懂的人情喜剧为卖点。——译者注

②《就是这么一回事儿！奇妙之旅》日文原文是《てなもんや三度笠》，是1962年5月6日至1968年3月31日在朝日电视台播放的电视喜剧节目，共播放了309集。——译者注

③“吉本新喜剧”是日本吉本兴业娱乐公司旗下的著名舞台喜剧，不仅有着丰富的滑稽笑料，而且与现代生活联系十分紧密，在幽默的故事情节中对社会的现状进行讽刺，该剧在日本家喻户晓。——译者注

④日本的一种曲艺形式，又叫浪花曲和难波曲。由一人说唱，用三味线伴奏。最初由传统的说经祭文演变而来。享保年间（1716~1736年）关西艺人浪花伊助尝试用日本传统乐器三味线进行伴奏说唱，结果深受平民百姓的欢迎。这也就是浪曲又叫浪花节的缘故。——译者注

续表

事项	关东（东部文化圈）	关西（西部文化圈）
纳豆、筒状鱼糕[①]、“文字烧”[②]、鱼肉山芋饼、鱼肉鸡蛋卷	经常食用	不常食用
章鱼丸子、杂样煎菜饼（“御好烧”）	自家不常做	经常在自家做
沙司调料年购买量	1660毫升/家庭	2360毫升/家庭
日式牛肉火锅	不放白菜，先放高汤	加入白菜，后放调料
蒲烧鳗鱼	背开式	腹开式
食品的称呼	肉包子、茼蒿、御田煮、油渣、四季豆、猪肉酱汤、南瓜、红豆沙煮年糕、猪肉馅、菲力肉、大葱或长葱	猪肉包、菊菜、关东煮、天渣、芸豆、豚酱汤、南京倭瓜、小豆年糕汤（加入红豆皮的红豆沙煮年糕）、猪肉末、肋条、白葱或青葱
房租	须向房东支付相当于1个月房租的礼金和2个月房租的押金； 退房时两项全都不退	无须向房东支付礼金，但会有相当于10个月房租的押金； 退房时押金扣除40%后退还
弹子机房的奖品	不能兑换现金。即使能兑换也要去店外其他地方兑换	有些可在店内兑换现金
机动车的驾驶	黄色信号表示停止	黄色信号表示“Go”（交通法规上要求停车）
日用品	衬衫、红色PE储存罐、“垫褥子”	敞领长袖衬衫、蓝色PE储存罐、“铺褥子”
职业棒球球迷	巨人队球迷不太对巨人队的球手喝倒彩	阪神队球迷即使对阪神队的球手也经常喝倒彩

①在面粉里加入盐和水后调和揉制而成的一种呈筒形鱼糕状的食品。——译者注

②日本关东地区的特色食品，将面粉加水和调料调匀后加入卷心菜、肉类或海鲜类等食材搅拌，然后将调好的材料放在铁板上边烤边吃。与关西地区的“御好烧”形成鲜明对比，它比“御好烧”的水分要多，加入的馅料也少。据说“文字烧”在江户时期就已存在，因当时是将调好的食材在铁板上浇成文字样来烤，故而得名。——译者注

续表

事项	关东（东部文化圈）	关西（西部文化圈）
行动及表现	“ほっといて”（放置不管） “直（なお）す”（修理） “えらい”（伟大、杰出、卓越） 有时含有亲切感说“バカ”（笨蛋）	“ほっといて”（扔掉） “直（なお）す”（归还原处） “えらい”（辛苦、累死、艰苦） 有时含有亲切感说“アホ”（呆子）

三、克服东西文化摩擦的方法

为了克服上一小节列举的与习惯、烹饪、语言等有关的东西文化的摩擦，分属于不同文化圈的人们怎样才能做到和睦友好地相处呢？

文化人类学家石毛直道认为语言也好，食物也好，关键是要宽容地对待各地的差异。

食物和语言都是文化的媒介。就如同普通话即使普及得再广泛，但地方语言仍有生命力一样，反映浓厚地域色彩的食物和饮食方法依然根深蒂固地留存着。不排斥自己未知的食物、饮食方法，而是包容对待才能产生出文化的丰富多样性。

如同“饮食”最好顺应当地的方式一样，语言和习惯也都最好以顺应当地为原则。从关东来到关西就说关西话，去了名古屋就一点点地学说名古屋话为好。这就和到了美国就说英语，来到中国就说汉语一样。近年来在各地为盲人进行朗读的志愿者活动开展得如火如荼。用东京标准语来录音已成为习惯，但对于生长在关西的志愿者来说，在声调的把握上好像颇费力气。然而由于地方性聚会活动上的听众也都是关西人，倒不如就直接用关西话的声调来配声的好……门外汉的笔者等一些人都是这么认为的。每月第一个周六下午的NHK广播《关西周六热播时间》栏目虽然是面向全国广播，但全部用关西话来编排。这也是该节目更具人气的一个原因。

就算是关西话也并非那么严密，也有各种各样的模棱两可之处。北海道大学教授山下好孝认为关西话中“行く”（去）的过去否定式“行かなかった”、“行かへんかった”、“行かんかった”、“行かなんだ”都是正确的。因为外国人就算日语说得不好，也会被宽容看待，所以关西话就算说的有些奇怪，也希望能被谅解。

根据报纸的民意调查等结果显示，人们对关西方言的评价呈现出两极分化的倾向。喜欢的人认为关西方言有亲和力、不装腔作势。而讨厌的人觉得关西方言不委婉客气、很吵。

中岛罗莫①也说过即使同为日本人，若事先未预备任何知识就贸然到关西的话意味着这人是去送死。据说关东人到了关西人的根据地会受到各种有形无形的欺负。冠冕堂皇的欺负理由是“东京话很装模作样”，好像“啊，原来这样啊！”之类的表达最惹关西人讨厌。反过来，关东人如果在同关西人的谈话中插进蹩脚的关西话，也会被关西人如同抓住小辫儿似的嘲讽戏谑。据说就算住在东京也偏不说标准日本语也是关西人的一个特征。一搬到东京就立刻丢弃关西话，会让人觉得像是屈服于强者一样，我们知道这对于喜欢同情弱者的关西人来说是做不到的。不过听一位在明石②长大、现住在神户的朋友说，从大概10年前开始，关西也开始流行起“唔，这样啊！”这样的年轻人用语来。关西的“东京人化”现象也在不断深化吧。在岸和田③出生长

①中岛罗莫（1952～2004年），本名中岛裕之。日本著名小说家、戏曲家、随笔家、演员、广告企划、广告文案、作曲家。——译者注

②日本兵库县靠近神户的一个城市。日本标准时间的子午线（东经135度）就是从明石穿过。——译者注

③位于大阪府泉南地域的一个城市。以年轻人拖拽、托举起花车互相撞击的这一气氛热烈的传统节日“岸和田花车祭”而闻名。——译者注

大，为人慷慨大气，并提出了大阪地区独具特色的商户市井气息这一观点的地方著名编辑江弘毅则认为关西话非常适合口语表达，但难以作为书面用语，因此关西人在思考或书写时也使用标准日本语。

杉浦日向子在《一日江户人》中写有“地道的江户人所具备的18个气质特征”这一内容，其中有“常常冲动购物”、“性急，看推理小说总是一开始就翻看结尾那页”、“较之套餐，更喜欢盖浇饭”、“不善于同异性交往，一旦粘上则容易陷入泥潭”等几项。笔者也学着用这种方法，尝试着思考过“地道的关西人”到底是指什么样的人这一问题。

一听到“地道的关西人”一词，浮现在笔者脑海里的是活跃在漫才、演员、主持人等多个领域里的多才多艺的都蝶蝶，当红的人士中就是爵士歌手绫户智惠。她们都饱经男人自私造成的痛苦，披荆斩棘地一路艰难走来。然而，她们却把这些痛苦经历当作艺术上的一种历练，绝不畏怯。观众们在观看她们的表演时能够细细地体会出在那些饱含人生酸甜苦辣的话语和歌曲里笑中带泪的感觉。大阪的大妈大婶们每当看到有人遇到困难，绝对不会置之不理，所以这里的汇款欺诈骗局[①]的识破率最高。只要是在聚集的人群当中，给周围的人分发糖果，进行各种关照的也好像大多是大阪的大妈大婶们。

大阪人的原型也许要在江户时代井原西鹤[②]的作品中才能窥见得

---

①犯罪人冒充被害人的家人打电话向受害人实施诈骗，以交通事故或借债等为借口骗取受害人信任，向其汇款的一种欺诈行为。——译者注

②井原西鹤（1642～1693年）是日本江户时代市井小说家，俳谐（一种以诙谐、滑稽为特点的日本短诗）诗人。他在41岁时写出的第一部艳情小说《好色一代男》，被认为是日本文学史上“浮世草子”（社会小说）的起点，是现实主义市民文学的开端。他的小说创作大体上分为三个时期。初期作品着重描写男女爱情。中期创作题材扩展到城市化的武士生活和奇闻异事。后期小说创作以《日本永代藏》为开端，转写町人小说（市井小说），反映商人的生活。——译者注

到。西鹤的作品中既有《日本永代藏》[①]和《世间胸算用》[②]等描写市井平民的作品，也有《好色五人女》[③]和《好色一代男》[④]等描写男女爱情故事的作品，不加掩饰地肯定物欲和性欲的同时又兼具勤俭节约和重情重义，作品中运用智慧和妙计打破困局的登场人物无一不是个性刚烈和坚强的人。

小林一三是阪急电铁的创始人，他作为一个富有智慧和匠心的企业家而知名。铁路由于初期投资巨大，所以由民营企业来经营是极其困难的，这已是经济学上的一个常识。然而，小林一三通过将房地产开发和经营百货店等项目与铁路运输相结合的多元化经营，把经营铁路变成了一项盈利的事业。如果再修建棒球场和游乐园等娱乐设施，乘客的运输量还会增加。迎来成立102周年纪念的宝塚少女歌剧团[⑤]如今每年吸引了约260万名观众，这也是小林一三设立的。在日本首次把咖喱饭写入西餐馆菜谱的是阪急百货店。这是小林一三在坐船赴欧旅行途中想到的点子。

提到经济上的创意，还有几个从关西传播到世界的实用性发明。

---

①《日本永代藏》共6卷，包括30则短篇。内容以金钱为主题，描写江户时期不同商人的故事，有的勤劳节俭、致富成功，有的奢侈淫逸、败家落魄。作者通过这些故事，向后人垂鉴经商之道，从而揭示金钱在现实社会的重要性。据学者钱稻孙所说，《永代藏》这个书名，本意是永久性库房，传之久远的保险柜，含有永世宝藏之意。——译者注

②《世间胸算用》（处世理财要诀）的副标题是“除夕日一日千金”，收录了20篇在除夕日那天一年总结算时商人们的悲欢。——译者注

③《好色五人女》描写五个人五种不同的爱情故事及在封建等级制和道德观念的压制下酿成的悲剧。——译者注

④《好色一代男》是井原西鹤模仿《源氏物语》的笔法写就的一部小说。小说将世之介（富豪和妓女所生之子）这样一个多情男子的生涯分54章描写出来，其中包括从七岁略解风情、被家里赶出、流浪、继承遗产等，他在各地的花街柳巷极尽放荡之能事，最后在60岁时再次出海，想去和一个岛上的女人相好，直至最后失踪。因小说展现的舞台妓院是町人唯一的自由天地，作者将浮世的世态，特别是人的爱欲真实地描写出来，为过去的小说打开了新的一面。——译者注

⑤宝塚歌剧团的前身是由阪急电铁前会长小林一三于1913年创立的宝塚歌唱队，兼有培训及表演。1914年起作为少女歌剧团开始歌剧公演。1939年将培训和表演分家并成立宝塚音乐学校。1940年改称宝塚歌剧团。现已成为日本最著名的一个表演团体。演员都接受过严格的演出技巧训练以及适应她们崇高社会地位的礼仪训练。该剧团最大的特色就是成员全为未婚女性。歌剧中的男性角色都由女性来“反串”。——译者注

卡拉OK是曾在神户的酒馆里打工、给客人弹唱和伴奏的井上大佑在1971年创意发明出来的。大家都认为如果他为此申请了专利的话，就会有巨额的专利收入。井上在2004年受到了旨在表彰“那些让人发笑之后又引发思考的研究”的“搞笑诺贝尔奖”（Ig Nobel Prize，美国）的嘉奖。日清食品公司的创始社长安藤百福出生于台湾，1933年23岁时开始在大阪经商。事业虽取得成功，但由于战争期间的空袭，事务所和工厂全被烧毁。方便面的始祖——鸡肉拉面于1958年开始销售，这是安藤百福在海边临时搭建的小屋里反复多次试验后发明研制出来的。发生灾害时能发挥作用的预制装配式房屋，以及世界各大城市里常见的旋转寿司也是出自于关西。“移动步道”[①]始自于阪急梅田站。如同文字一样在“移动的步道”上行走着的人是关西人，在关东如果这么做会被别人看成是急躁的表现。

上世纪70年代以后，向东京圈“一极集中”[②]的现象不断地深化，而在这之前关西具有与东京不相上下的实力。相对于政治主导型的东京而言，关西则是杰出的商业界人才辈出。为同中国恢复邦交而积极活动的也是关西的商业界。日中邦交恢复前的1971年，关西商业界访华团到访了北京、广州，并同周恩来总理进行了会谈。

周恩来总理同关西地区也是很有缘分的。18岁来到日本留学，曾在东京神田的东亚预备学校学习，21岁回国。从东京到神户港的途中，他顺道去了京都的岚山，并写了下面这首诗。不知是因为不得不中断留学归国的伤感，还是天空下着蒙蒙细雨的原因，这首诗里浮现

①通行道路上安装的以供快速运送过往人流的一种类似传动带的步道。国际通用名称为“moving walkway”。——译者注

②东京圈一极集中指的是日本的政治、经济、文化、人口以及社会资源和活动过度集中于东京及其周边县的问题。也因此引发了其他严重的问题。如一旦关东地区发生大地震，其损失与影响都将难以估量等。——译者注

出一副略带忧愁的伤感情景。中国的领导人大多希望在樱花盛开的季节访问日本，也许是和这首诗有关吧。

雨中岚山

雨中二次游岚山，
两岸苍松，
夹着几株樱。
到尽处突见一山高，
流出泉水绿如许，
绕石照人。
潇潇雨，
雾蒙浓；
一线阳光穿云出，
愈见娇妍。
人间的万象真理，
愈求愈模糊；
模糊中偶然见着一点光明，
真愈觉娇妍。

无论是在中国大陆还是在台湾都被人们敬仰为“中国革命之父”或“国父”的孙文也同日本有着深厚的联系。革命初期，孙文屡次逃亡日本，得到梅屋庄吉、宫崎滔天、犬养毅等日本友人和在日华侨的大力支持。1905年，他将兴中会、光复会、华兴会这三大革命组织合并，在日本结成中国同盟会。孙文和宋庆龄也是在东京宣布结婚的。

在关西还有一些地方和孙文有着渊源。在日华侨吴锦堂的别墅“移情阁”是孙文路过神户时的定所，现在成为孙文纪念馆，与世界上最长的吊桥——明石海峡大桥（3911米）相邻，眺望着濑户内海。1924年11月，孙文在神户的高等女子学校（现在的兵库县立神户高中）以“大亚洲主义”为题进行了演讲。在演讲中，孙文向听众们强烈呼吁日本不能成为“西洋霸道的鹰犬”来侵略亚洲，而是要成为“东洋王道的干城”同亚洲站在一起。这时距孙文在北京逝世仅仅数月时间。当时，日本如果遵照孙文所呼吁的方向转换了国家体制和外交政策的话，就不会因为发动悲惨的战争而使无数的日本人丧命，也不会给亚洲各国带来巨大的灾难，遭到亚洲人民的憎恨。

富有人情，喜好浪花节，重情重义，不太考虑个人得失的性格也是关西人所喜欢的。人形净瑠璃①的文乐座②虽位于大阪的道顿堀，但如果追溯起源的话则是在淡路岛③。净瑠璃、歌舞伎的脚本作家近松门左卫门出身于越前（今福井县东部）。《曾根崎心中》讲述的是大阪内本町酱油铺的伙计德兵卫和北面新地的妓女初娘的为爱殉情事件，而《心中天的网岛》是以大阪天满的纸张铺的治兵卫和纪伊国屋的妓女小春的殉情事件为题材的文学作品。在不允许自由恋爱的时代制约下，以死来成全爱情的故事吸引了江户时代众多女性的心。

关西的棒球迷不仅会向对方球队喝倒彩，还会给自己支持的球队起哄。据笔者喜爱阅读的由丰田泰光撰写的专栏记载（《日本经济新闻》），曾是南海老鹰队大本营的大阪球场犹如精通棒球的人们的嘘球发布会。

在某日南海队对西铁队的一战中，观众席上传来如下声音：“关

---

①人形净瑠璃（“文乐”）又叫做木偶净瑠璃，是日本四种古典舞台艺术形式（歌舞伎、能戏、狂言、木偶戏）的一种，是日本独有的木偶戏，由三人分工进行操作。“人形”的意思就是木偶或者傀儡，“瑠璃”的意思则是一种伴以三味线演奏的戏剧说唱。这个词汇本身就说明了木偶剧的起源和实质。“文乐”本是“木偶净瑠璃”中的一派，因目前只剩这一派，所以成为木偶净瑠璃戏的总称。——译者注

②19世纪初期，一个叫植村大助的木偶戏制作人在大阪开办了一个小剧场，也是如今国立文乐剧场的所在位置。1872年，在获得政府批准后该剧场迁至新址，新剧场取名“文乐座”。19世纪后半期，木偶净瑠璃日渐衰微，文乐座剧团作为古典剧种的继承则被保存下来。2003年，文乐——木偶净瑠璃戏被列为世界非物质文化遗产。——译者注

③淡路岛位于日本关西兵库县南部、濑户内海的东部，面积同新加坡大致相当，在濑户内海属第一大岛。——译者注

于长谷川（即长谷川繁雄，时为南海队的击球手）我们来出个谜语，请大家来猜猜看。那就是湊町的十字路口，这谜底是啥？”据当时正在投球的西铁雄狮队主力投球手稻尾和久的解释，这是指“在湊町的交叉路口，电车轨道的转弯很急，只能慢慢地走。也就是说长谷川不善于打曲线球。”著名的西铁雄狮队的优秀击球手丰田击打的三振①次数也很多。在对丰田的嘘声中最辛辣的嘲讽是“喂，你就不要球棒了吧！”之类的话。据说有一次在大阪球场，观众的嘘声把他惹恼了，他反击道：“多嘴，蠢蛋！”结果，赛后有个男人等在出口处，他见此情形一溜烟儿地跑了。丰田事后谈起这事说如果用关西话反击就没事，但坏就坏在用“蠢蛋”这一东京话回了嘴。为了丰田的名誉在此附带多说一句，丰田是个毕业于水户②商业高中的好汉，绝不是见到敌人转身就跑的怯弱男人。他仅仅是想避免和球迷之间发生无谓的纠纷，可谓是“韩信钻胯”。这也是构筑和平的一种智慧。

笔者之所以爱看丰田撰写的体育专栏就在于其直言不讳的辛辣评论。但在笔者读到他写的讲述战争结束那天悲哀的《八月的沉重记忆》（2009年8月13日）和《饥饿而学，战败则习》（同年9月17日）这两篇文章后，笔者突然想到这是个在战争期间和战后粮食供给困难时期，历经过饥饿、理解贫困者和战败者悲伤的男人。他追悼稻尾和久的专栏文章也写得相当出色，感人至深。笔者虽然觉得现在的学生对稻尾和丰田一无所知，也许不会喜欢，但在上课时还是忍不住把这些文章复印后分发给大家阅读。这两个人都是在同一团队中同甘共苦过的伙伴，也由于都是同一类人，所以才能理解彼此的内心。

阪神队球迷在阪神队屡战屡败、位列末尾状态的低迷时期，一边奚落阪神队的球员，一边又坚定地予以支持。2008年的上半赛季，阪

①在棒球比赛中，击球手对于投球手所投球的迎击经裁判判定获得三个好球后，即被三振。夺三振为投手的统计数据，被认为是投手能力的重要指标之一。——译者注

②水户市是茨城县的县厅所在地，距东京大概100公里。据说水户人的性格质朴刚毅，而且重义，但也有性急的缺点。——译者注

神队一马当先。然而在北京奥运会后的后半赛程中状态大失水准，败给了巨人队。这时阪神队球迷的倒嘘做得较为过分，甚至惹得出生于大阪、从小就一心一意支持阪神队、大学毕业后也曾作为阪神队的主力队员而大显身手的冈田彰布领队对着观众台怒吼回击。看到冈田辞职后阪神队的低迷状态，阪神队球迷肯定后悔当初不该逼他辞职。冈田仅仅当了一年的解说员就走马上任关西的球队——欧力士队领队一职。欧力士队也是冈田作为一位职业棒球手最后载誉退役的球队。冈田自己说如果是其他的球队，他是不会接受聘任的。到底还是个关西人。

野村克也在其担任阪神队领队期间没能取得令人满意的成绩。在他担任原来的弱队——乐天队领队后第四年的2009年，终于实现了首次晋级季后联赛（Climax Series）。这时，野村解释说："这是因为仙台的球迷很有礼貌，很耐心地支持我们。"可能不是只有笔者一个人才觉得这句话里暗含有讽刺关西阪神队球迷的意味吧。笔者既不是阪神队球迷，也非巨人队球迷，而且特别不喜欢近年来先不惜重金从其他球队挖来好几个殿军击球手和主力投球手，利用完他们后就将其抛弃的巨人队。从这点上来说，笔者还是对大力培养知名度较低的年轻选手的广岛队抱有好感。虽然自己辛辛苦苦好不容易培养出来的一流选手又被其他球队挖走的情况会让经济实力不够雄厚的球队备感伤心。

"王贞治[1]和长嶋茂雄[2]如果是向日葵，那么我就是月见草。"

---

①王贞治（1940～ ），台湾华侨的后裔，出生于日本东京都墨田区，是上世纪60至70年代日本著名的职业棒球选手。以"稻草人式打击法"（或称"金鸡独立式打击法"）闻名，在其球员生涯一共打出868支本垒打，至今仍是该项世界纪录的保持者。在甲子园的全国高中棒球赛上，他作为早稻田实业高中的主力投手帮助该校取得了亚军。但由于没有日本国籍，只有他一人未能参加国民体育大会的比赛。进入专业棒球队以后，王贞治与长嶋茂雄一起成为巨人队的主力选手，并大显身手。他们两人被称为"ON炮"。他曾担任巨人队领队，由于与球队高层之间意见相左等各种原因，不久就不得不退出了球队。之后又担任过大荣队和软银队的领队，多次获胜。还担任了WBC日本队的领队，带领球队取得了世界第一。——译者注

②长嶋茂雄（1936～ ），日本千叶县佐仓市出身的职业棒球选手、领队。就读于立教大学时(1954～1957年)，即是"东京六所大学棒球联盟"里十分活跃的球员。从1958年到1974年效力于日本职业棒球读卖巨人队，是巨人队的中心击球员。退役后，开始担任领队，还曾入选"日本职业棒球名球会"（日本棒球名人堂）。2001年，任巨人队终身名誉领队，并曾于2002年担任日本棒球队总领队。——译者注

在牢骚中炫耀着自己才智的野村克也出生于京都府京丹后市，毕业于京都府立峰山高中。这所学校是和甲子园[①]无缘的一所并不知名的学校，野村是从南海队的二线梯队打拼出来的。要说起笔者的喜好，笔者觉得把当初在南海队打球的野村发掘出来的鹤冈一人领队比他更像一个关西人。鹤冈虽然出生于广岛的吴市，高中是广岛县立广岛商业高中，大学是法政大学，但他先后作为南海老鹰队的选手和领队在关西生活了很长一段时间。他大声激励队员“要成为能挣钱的选手！”的这种“唯利是图”且富有人情味的训导是关西人所喜欢的。他在23年领队生涯里比赛取胜率超过6成，作为领队出场的胜利场数总计为1773场，是职业棒球史上最多的。这一数字超过第二名的被称作“三原魔术师”的三原脩领队近百场。

败北的球队选手尽管在关西的业余棒球赛中打得一塌糊涂，但仍就不服输地说“今天就想打成这样”。报考了神户大学的中岛罗莫（神户滩高中毕业）在头一门科目考试中一道题都没做出来。午餐吃过便当后，中岛在写着“反帝反斯大林”等涂鸦的厕所墙面上写下了“今天就想做成这样！”这句吉本新喜剧式的噱头后，离开了神户大学。

象棋名人坂田三吉一边忍受着贫困，一边为问鼎日本象棋界而不断地向东京的国手关根金次郎挑战。可能这种“反中央、反权威”的精神在关西人身上表现得较多。热爱琵琶湖的滋贺县知事嘉田由纪子的老家虽是埼玉县本庄市，但她自从上了京都大学农学部后就把事业和生活的重心放在了关西。2006年，因呼吁停止建设新干线的新车站和保护琵琶湖的环境而当选滋贺县知事。她还同由反对知事派占多数的县议会进行了不屈不挠的交涉，极力坚持自己的生活环境主义理念。

---

①甲子园是日本高中棒球联赛的俗称，全称为全国高等学校野球选手权大会，分为春、夏两赛季。甲子园可以说是为日本高中棒球队最为向往的，进入甲子园就意味着打进全国决赛。——译者注

诗人三好达治在大阪和兵库度过了不得志的少年时期。后来就读陆军幼年学校[①]和士官学校后，进入旧制三高[②]。在福井县离婚后的他又在东京度过了十几年的独居生活，享年64岁。他的亲友、小说家梶井基次郎的老家也是大阪。梶井从患病回乡后至31岁病逝的四年间，一次也没有上过东京。

> 事业难立，
> 壮志未酬日。
> 近江路上菜花黄，
> 䴙䴘浮水忙。
>
> ——三好达治：《我的事业》

笔者自2013年4月起搬到北海道的札幌居住。在北海道各地至今都还保留有源自于原住民阿伊努族语言的地名称谓。此外，由于明治时期以后从本州各地迁来许多移民后才开始正式的经济开发，所以在风俗习惯上还保留有一些北海道当地的独特之处。

北海道当地的结婚仪式大多采用的是会费制，每人大概交纳5000日元左右。而在本州，如果被邀请参加朋友的结婚典礼，学生至少要送1万日元，已工作的人则至少是3万日元的礼金。即便是只有两个小时的婚宴，通常也需要花费300万至500万日元。所以，被邀请参加豪华婚礼的来宾们也要送上相当数额的礼金。如果这样的婚礼多被邀请几次的话，就会成为一笔沉重的支出。

笔者是在做研究生院“延期博士”的“无业游民”时期结的婚。用现在的话说就是“奉子成婚”。但对笔者而言，并不是因为有了孩子没办法才不得不结婚的，而是正因为有了孩子，使我感到给我带来

①日本陆军幼年学校是旧日本陆军模仿普鲁士的军事学校（Kadettenanstalt），为了从幼年开始就培养未来的军队干部而设立的一所全住宿制教育机构，其毕业生拥有旧制中学二年级毕业生的程度。——译者注

②即旧制第三高等学校（高中），为京都大学前身之一的旧制高等学校，简称“三高”。——译者注

了生活的意义，于是喜悦振奋地结婚了。当然也有当时还是个穷学生的原因，但更重要的是笔者自己觉得仅仅数小时内消费数百万日元的巨款太过奢靡，所以结婚仪式和婚宴都没举办。正如“善良的人是无忧无虑的，在父母兄弟姐妹，以及普通人共有的虚无的人之常理上安眠，将毕生奉献给所谓的社会制度后安然死去。但‘堕落者’总是超出这种凡理，一个人孤零零地行走在旷野中”（出自坂口安吾《续堕落论》）所说，笔者身上还有一种年轻时的桀骜不驯。笔者即使上了年纪，现在身上仍然还有抗拒和无法顺应世间常规和惯例的地方。

从笔者自己的角度来看，认为北海道采用会费制结婚仪式这种形式是非常合理的，也是利于环境保护的。在中国如今很流行举办奢华的婚宴，但在毛泽东时期还曾有过仅用茶水和糖果来庆祝的简朴的婚礼。在收入差距不断扩大，缺衣少食的贫困人口还广泛存在，以及环境问题不断恶化的当今世界，举办太过奢华的婚宴是一种资源上的浪费，恐怕会引起社会的不满吧。那种认为不举办奢华婚礼就不能结婚的对象，今后不知道还会出些什么样的难题。也许是我多管闲事吧，对于这样的对象，还是自己主动撤退为好吧。

现在的日本，不仅是成人礼、婚礼等红事，连丧葬祭祀等白事也要一笔开销。出席葬礼时，在本州一般要包上1万或2万日元左右的香火钱。接受香火钱的逝者家属则要在49天的法事结束后给参加葬礼的人赠送感谢信，还有价值香火钱一半的叫作“奠仪回礼”的物品。但在北海道，举行葬礼的那天，丧主一般只用向参加葬礼的亲友赠送手帕之类的谢礼，简单地表示感谢就可以了，无须另外再送奠仪回礼。最令人吃惊的是，在北海道丧主会向出席葬礼的人出具香火钱的收据。有人说这是针对工作关系上的人因为工作繁忙无法亲自参加葬礼而委托他人代理时的一种应对措施。但这种他人代理的情况在本州也是一样的，所以照这种解释还是有些说不通。

获得2013年度“直木奖”[①]的樱木紫乃是在北海道钏路市长大的作家。据她所说现在北海道的很多居民都是当初拓荒移民的第三、第四代人，其性格说好听的话就是胸襟开阔，说得不好听就是马马虎虎、敷衍了事。这表现在他们祖先的职业和身份本身界定就不太严格，因为其祖先过去到底如何并非取决于他们来北海道之前的实际情况，而是取决于他们自己怎么说。

如上所见，即使在日本国内也有着种种文化和习惯上的差异。为避免产生文化摩擦，要按照“入乡随俗”的原则来适应当地情况。但是就算有因为缺乏融通性或固执己见而无法适应当地的人，也不能因此而欺负他。面对不同的文化和习惯，希望互相宽容对待。

四、“单一的日本”的幻影

与前文所说的要宽容对待文化差异的观点完全相反，还有些人则提倡日本文化的单一性和纯粹性，坚持排外主义性质的观点。时任东京都知事的石原慎太郎在2000年4月9日举行自卫队防灾演习时作了如下发言：

看到今天的东京，许多非法入境的三国人[②]、外国人正不断地实施穷凶极恶的犯罪。东京的犯罪形势已和过去不同了。看这情形，如

①直木三十五赏，简称直木赏或直木奖，由杂志《文艺春秋》的创办人菊池宽为纪念友人直木三十五，于1935年与芥川奖同时设立的文学奖项，是日本文学界最重要奖项之一，每年颁发两次。直木奖以已出版作品的通俗文学为对象，芥川奖则以纯文学的新人作家为对象。——译者注

②指处于联合国军队占领下的日本，包含政府和国会在内的日本人和联合国军总司令部对在日的朝鲜人、台湾人以及前殖民地区的人的一种称呼，是个贬义词。——译者注

果发生重大灾害时估计甚至会酿成严重的暴乱事件。现在就是这种状况。为应对这一问题，警察就算再有力量也是有限的。如果出现那种事态，这时就请大家动员起来，东京都的市民们，不光是救灾，还有维持治安，希望市民把这作为大家的一个大目标去完成。

对照历史事实来看东京都知事石原的这一发言，在其认识中存在着双重错误。首先，这“三国人”（第三国家的人）是用来指代战后一段时期内因日本战败而留在日本国内的一些处于既非日本国籍，又非外国国籍的“国籍不明”状态的在日朝鲜人、在日韩国人和在日中国人的一个词，并非是指近年非法入境的外国人的意思。“三国人”的存在是由于在日本吞并韩国、侵略中国的战前以及战争期间，一些朝鲜人和中国人或是来日本打工，或是被日本人强掳而来充当劳工所造成的结果。把这个词用于类似犯罪者的说法是根本说不通的。

其次，发生“重大灾害”时引发“严重暴乱事件”的并非外国人，反倒是日本人。这也是历史证明了的事实。1923年9月关东大地震（M7.9级）的受灾情况是死亡9.9万人，失踪4.3万人，受伤人数达10万人。这其中还包括自警团[①]和军队、警察偏信流言蜚语而杀害的数千名朝鲜人。“龟户事件”[②]中，工人运动活动家平泽计七等10人以及一些朝鲜人在龟户警察署被杀害。“甘粕事件”[③]中，除无政府

①在火灾和水灾等紧急情况时，由民间人士组织起来的保护自身安全的私人警备团体。——译者注

②1923年9月3日在东京大地震后的混乱中发生的事件。在东京府南葛饰郡龟户町（现东京都江东区龟户），社会主义者川合义虎、平泽计七等10人被之前因劳动争议而与之敌对的龟户警察署逮捕，同月4～5日被习志野骑兵第13连队杀害。同月4日发生的四名反抗警察的自警团员遭军队所杀的事件称为“第一次龟户事件”，有时也算作此次事件的受害者。警方在事件发生一个多月后的10月10日终于承认了该事实。受害人的遗属、自由法曹团、南葛饰劳动会等发起了追查事件真相的运动，但被警方以“戒严令下适当的军方行动”为由而不予追究。——译者注

③1923年9月26日，东京麹町宪兵分队长甘粕正彦乘东京大地震的灾害之机杀死了日本无政府主义者大杉荣和他的妻子伊藤野枝，甚至连孩子也不放过，被裹上棉被投入井内。灾后这件惨案被揭发出来，甘粕正彦的残暴行径一时震惊日本，从此“甘粕正彦”成为残暴无人性的法西斯分子的代名词。同年12月8日，军法会议判处甘粕有期徒刑10年，但日本军方认为甘粕此举源自忠君爱国，倾全力暗中营救，甘粕仅服刑两年零10个月，于1926年提前保释出狱。甘粕后离开日本来到中国东北，从事关东军的特务工作，极力建设“满洲国”，任“满洲”映画协会理事长，1945年8月20日，日本战败后服毒自杀。——译者注

主义者大杉荣和伊藤野枝外，连当时年仅六岁的大杉的外甥都被宪兵大尉甘粕正彦杀害。

论述日本民族和日本文化单一性和纯粹性的所谓“单一的日本”的见解只是一种幻影，即使从历史上来看也是有悖事实的。日本的传统文化是由许多从大陆和朝鲜半岛渡海而来的“归化人”[1]创造出来的。负责铸造东大寺[2]大佛的佛师——国中连公麻吕是百济裔的归化人国骨富的孙子。正如和辻哲郎在《古寺巡礼》中讲的一样，在创造出“天平文化”[3]的人当中有许多归化人和混血人，还有无数的外国人。无论是精神上，还是肉体上，外国人也是“我们的祖先”。

设计靖国神社的是以筑地本愿寺等建筑的设计而闻名的伊东忠太。他广泛勘察中国、印度、波斯、土耳其等地的佛教遗迹，并深受其影响。曾经作为战前日本民族主义象征的靖国神社从这层意义上来说也并非是日本自古以来的传统的纯日式风格建筑。正冈子规[4]把他初次看到靖国神社那“西洋风格的庭院”时产生的感想评价为“非常愉快”。（《病榻六尺》）

日本文化和历史评论家松冈正刚在其著作《所谓日本的方法——表象与变迁的文化》中，一针见血地指出日本文化的特征并不在于单一性和纯粹性，反倒是吸取互相矛盾纠葛的事物后产生出的多样性和复杂性才是日本的特征。日本的神社、佛殿中常见的一种叫“照凸”的屋顶的建筑手法也是其中之一。这是把中间呈圆凸柱状的中式“凸（凸弧）状屋顶”的凸状曲线和两端向檐顶方向反翘的日式“照（翘

①日本古代对从中国或朝鲜半岛移民到日本的人及其后代总称，也称渡来人。——译者注

②位于日本奈良县奈良市杂司町，是华严宗大本山，南都七大寺之一，距今约有1200余年的历史。1998年作为“古都奈良的文化遗产”的一部分被列为世界文化遗产。——译者注

③从狭义来说，天平文化是圣武天皇统治的天平时期(724～748年)的文化；从广义来说，天平文化是前代白凤文化与平安初期弘仁文化之间的文化，即整个奈良时代(710～794年)的文化。这一时期的文化深受中国盛唐文化的影响，可以说是盛唐文化在日本的移植。——译者注

④正冈子规（1867～1902年）是日本歌人、俳人，也是国语学研究家。——译者注

棱）状屋顶”的凹状曲线连接起来的一种屋顶样式，所以叫作“照凸”。西本愿寺的唐门、东京和大阪的歌舞伎剧场也都采用了这种建筑手法。这种“照凸”是一种从所谓“神佛调和”的和（日本式样）汉（中国式样）折中的思维中产生出来的建筑样式，明治以后又变成和洋折中的象征。伊东忠太也很喜欢用这种“照凸”式样的屋顶。

菊花（16重瓣）是天皇家族的纹章，但菊花是奈良时期从中国传来的。其发音“キク”（kiku）也是从中国传来的“音读”[②]，而非“训读”。在中国，重阳节时为祝长寿，人们要喝杯中飘着菊花的菊花酒。在日本，菊花的鲜切花则供奉在墓碑和佛龛前。现在很多都是进口的，仅从大阪港进口的数量在2009年1至7月就达880吨，其中八成产自中国。

可能有不少日本人都认为豆腐和金鱼是日本的特产，其实这些都原产自中国。教科书上学到的中国古代四大发明是造纸、火药、指南针和印刷术，但当笔者听过日本国内研究中国经济的泰斗——小岛丽逸教授那侃侃而谈的《中国经济论》的知名讲课之后，笔者才了解到豆腐、金鱼和麻将是中国历史上除火药、指南针、造纸和印刷术以外，不为人所知的另外三大发明。多亏有了豆腐，使得那些牙齿不好的老年人也能通过食用豆制品来摄取蛋白质。金鱼则是有钱又有时间的有闲阶层培育出来的一种观赏用宠物。金鱼的饲养同鳗鱼、金枪鱼等动物的养殖不同，并不是为了增加人们的食物供给，而仅仅是为了赢得眼球上的一种享受。对这种根本无法果腹的金鱼进行品种改良需要耗费大量的时间和金钱，在这一点上也充分体现了某些“富足文化”本身所具有的另外一种特性。世界上最有趣的游戏就是麻将。日本人更要感谢这一从中国传来的日常文化活动。但要从自省的角度

①音读：按照这个汉字从中国传入日本时的读音来发音的方法。训读：按照日本本土同义语汇的读音来认读汉字的方法。——译者注

来说的话，过于沉溺于麻将则会荒废青春。

学者赤坂宪雄撰写的《东西/南北考——流传到日本的几个文化事物》一书认为，在观察日本时有两个轴：东西轴和南北轴。沿东西方向发生的战争就像“关原大战”[1]所代表的，是一个种族、文化内部的领土纷争。而说到沿南北轴发生的战争，则是为了征服虾夷、阿伊努、琉球这些异族，为了统治殖民地的战争。“日本人是个忌讳污秽，崇拜纯洁的民族”之类的言论也是“从明治政府神道性质的意识形态产生的”。通过强调日本国家的特殊性，形成一种想把国民集结在民族主义旗帜下的“天皇制和国家神道的意识形态”（花崎皋平《同一性和共生的哲学》）。

“污秽的思想”还是产生“女性禁忌”这种风俗和限制的根源。“女性不净观”的出发点中含有对血液污秽的一种生活意识，而这又支撑着女性禁忌。但女性禁忌作为传统的日本文化既不具有普遍性，也并没有必须继续遵循此项传统的性质。江户时代的宽政期（1789～1804年），富士山解除了女性不许攀登的禁忌。这是因为富士讲[2]的信徒们否定了血液污秽的思想。歌舞伎、宝塚少女歌剧的舞台首映礼也没有女性禁忌和男性禁忌。

在给大相扑比赛中获胜的冠军力士颁发“内阁总理大臣奖”的奖杯时，内阁官房副长官直接就穿着清凉便服登上“土俵”[3]。担任横

①关原大战是日本安土桃山时代以及战国时代发生于美浓国关原地区的一场战役。战役双方均发动了超过10万的兵力，多数大名各自表述自己的立场，是应仁之乱以来日本最大规模的内战。此战是德川家康与丰臣秀赖的家臣石田三成的直接对决。由于战争的胜负具有决定谁可得天下的重大影响，所以此战也被誉为“决定天下的战争”。最终在小早川秀秋叛变之下，使这场战争在一天内分出了胜负，德川家康取得了统治权，为其建立德川幕府奠定了基础。——译者注

②是江户时代的一个对富士山以及住在山上的神灵进行宗教信仰的团体。——译者注

③日本大相扑的正式比赛是在一座顶部为四棱柱土台上进行的，这个土坛日本人叫“土俵”。建造土俵的土是专门开采的，比赛场地所圈定的界限是由稻草编成的袋子围起来的。这个草袋子也叫做“小俵”，把小俵埋入土台顶部的表面（土俵场）便形成清晰的界线。——译者注

纲审议委员会委员并拥护土俵女性禁忌的女作家内馆牧子在报纸上对这件事就表现得相当愤慨。她认为进入“圣域”、“神域”，却身着“比平服更为简略的清凉便装”实在太不像话。

对此，笔者认为现在政府机关和公司考虑到地球环境问题而正在积极鼓励大家穿着清凉便装出勤，以清凉便装的打扮登上土俵并无不妥之处。对我们人类来说，环境问题才是应该优先解决的重大课题。减少空调的使用，夏季不打领带地工作难道就不好吗？连美国芝加哥都在1957年6月由卫生局长颁布了“简装令”，因为该地超过38℃的酷热持续多日，最后男性不打领带，女性不穿紧身束腹短裤。

正如现在的东南亚各国，日本在20世纪60年代左右各幢大楼装上空调以前，上班族也都是夏天一身开襟衬衫的打扮。2007年6月1日，全体阁僚身着冲绳当地的传统衬衫出席了阁僚会议。和歌山县白滨町政府机关在夏季全体员工都穿着夏威夷衬衫工作。内馆好像认为内阁官房副长官穿着这种商务服装出席庄重场合也有问题，但这是作为一个社会人在工作的公共场合穿着的服装，并无任何羞愧之处。这就像学生穿学生服，僧侣披僧衣一样。如果是批评清凉便装这一制服既没个性又不时尚的话，倒还能够理解。

虽然内馆认为土俵是“有神灵存在的圣域”，但如今都已是和神道等宗教信仰全无瓜葛渊源的外籍相扑力士称霸土俵的时代了。外国人晋级横纲的人数不断增加，这在以前甚至根本无法相信竟然还会就夏威夷出身的小锦[①]能否晋级横纲的议题，相扑界内不少人士都认为外籍横纲无法遵守相扑运动特有的“国技的品格”。正由于其国际色彩愈发浓厚，大相扑这一运动也比以前更加有趣。曾被内馆斥责为

①小锦八十吉（1963～ ）来自美国夏威夷，是日本相扑有史以来最重的相扑选手，体重达263公斤，已退役。——译者注

“平素言行不良”，甚至劝其引退的朝青龙[①]等力士在2008年的“初场所”[②]复出，使得国技馆连日爆满，热闹非凡。后来因朝青龙与内馆两人笑着握手的照片刊登在了报纸上，两人好像握手言和了。

虽然不让女人登上大相扑的土俵也是大相扑的传统文化之一，但并非任何传统文化都要必须遵守延续，而应该顺应时代变化，改变旧习。1946年，围绕战后的宪法草案，日本政府和驻日盟军司令部之间进行了不屈不挠的交涉。就承认男女同权的条款，当时的内阁法制局第一部长佐藤达夫认为此项条款不符合日本的历史、文化和国民性，要求将其删除（2007年5月1日播放的NHK特别纪录片）。然而，由于盟军司令部民政部副部长卡迪斯（Charles L. Kades）的拒绝，女性的权利条款才最终未从宪法中删除。卡迪斯是推进农地改革、解散财阀、清除战时领导人等一系列日本战后民主化政策的人，深得麦克阿瑟的信任。然而，因同鸟尾子爵夫人发生的婚外情被反共主义者威洛比（Charles Andrew Willoughby）少将揭发而不得不离开日本。现在来看，佐藤达夫和卡迪斯这两人谁的见解正确自然不言而喻。现在都已是举办女性相扑国际大赛的时代了。女性登上大相扑的土俵来颁奖之类的事一点都不奇怪。

近年，一些地方政府的教育委员会要求在学校的正式活动中，教职员工和学生都要起立并齐唱《君之代》。在东京立川，就有教师因没有起立齐唱国歌而遭到停课等处罚。神奈川县教委也要求校长们把那些在县立高中的入学和毕业典礼上齐唱国歌时没有起立的教职员工的姓名予以上报。针对神奈川县教委的这一命令，该县个人情报保

---

①朝青龙明德（1980～ ），蒙古乌兰巴托人，日本相扑选手。2003年1月30日，22岁的朝青龙荣升为职业相扑最高级别的“横纲”（相当于总冠军），成为首位蒙古人及第三位非日本人升级为横纲，日本相扑史上的第68位横纲。被蒙古国视为民族英雄。——译者注

②日本相扑比赛的正式比赛赛季，每年1月在东京的两国国技馆举行。——译者注

护审查委员会予以回复说“这一行为违反了该县的《个人情报保护条例》”。住在神奈川县的津津木泰三（当年77岁）在给报纸的投稿中如下写道（《每日新闻》2007年11月2日）：

“吾皇盛世兮，千秋万代”这句话的意思，我在战前被灌输的是祝愿统治日本的天皇家族永远昌盛。那么战后的教育又是如何去教授的呢？由于长期无谓的战争使得日本化为焦土，战败后不久连天皇自己都否定了神化，宣称为人类天皇，从神的宝座上走了下来。但国歌依然是《君之代》。也许是因为战争带来的精神创伤，这首歌，我根本就唱不下去。

由于全球化，体育运动的国际赛事也多了起来。以前只有在大相扑或奥运会之类的比赛上才能听到《君之代》，现在连足球、棒球的国际比赛也一定会在赛前唱起这首歌。笔者也觉得在国际体育比赛开始前由国家代表队来唱国歌是可以的。入学仪式和毕业典礼上，想唱的人自己唱也行，但没必要强迫不想唱的人和不想起立的人也要这么做。这是对别人内心伤痛的一种体谅，一种礼节。每个人对《君之代》的不同态度，同每个日本人的个人主义信条密切相关。有的人会默默地对战争期间日本的所作所为进行深刻反省和批判，也有的人则对歌手忌野清志郎（享年58岁）被禁播的歌曲《摇滚版君之代》产生共鸣。在这种情况下，政府强制国民齐唱国歌的行为违反了日本宪法所保证的国民思想自由的原则。

第四章
围绕历史认识的文化摩擦

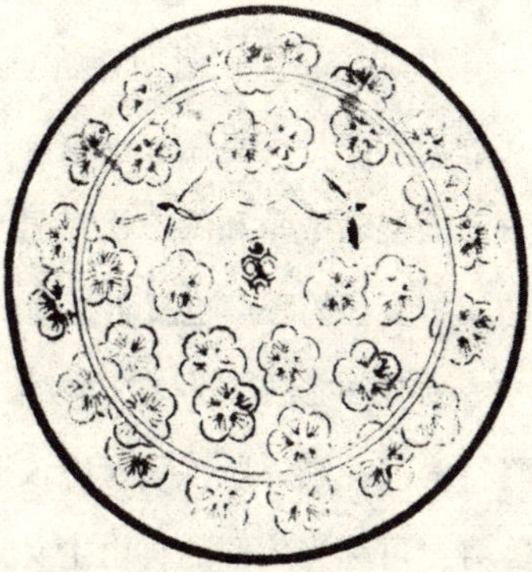

前面阐明了世界上存在着各种各样的礼仪和习惯及其与各自的社会体系和民族性密切相关的理论。此外还论述了日本国内的文化摩擦，以及对不同的文化和习惯重要的是要宽容对待的问题。本章的主题将稍显沉重，主要思考关于日本在同亚洲各国、各地区交往中无法绕开的历史认识和战争责任的问题。

一、战争责任的一体两面

从明治、大正时期开始一直到昭和前期，日本的国家统治体系及其意识形态是天皇制和国家神道。如果考虑到由此导致了日本对亚洲发动的侵略战争和第二次世界大战的话，那么亚洲各国提出追究天皇的战争责任的呼声也就不足为奇了。

孙文的长子孙科在1944年主张："由于崇拜天皇的思想是日本侵略行为的神髓，所以天皇应该退位。"1936年后定居美国并摆开辩论阵势、可称为中国的自由主义知识分子的林语堂战后也曾说过："为确保日本的民主主义，当然必须废除当今的天皇。"美国盖洛普公司在日本投降前的1945年6月29日实施的调查结果也表明要求将天皇处死或判处终身监禁等惩罚的呼声占到七成。

不能说这些观点就充分理解了天皇制和天皇在日本权力支配上所发挥的真正作用。在战争结束后的1946年，以发表文艺评论《堕落论》、《续堕落论》震动日本文坛的坂口安吾①在承认了天皇制是

①坂口安吾（1906～1955年），日本作家，本名坂口炳五。日本新潟县新潟市出身，东洋大学文学部印度哲学科毕业。早年性格叛逆浪漫，嗜读讽刺喜剧及巴尔扎克、谷崎润一郎、爱伦坡、波特莱尔等名家作品。1931年以《风博士》一文跃上文坛，作品多呈现戏谑及反叛色彩。坂口安吾是日本战后文学中"无赖派"的旗手，与太宰治、石川淳等齐名。——译者注

贯穿日本历史的一个制度的同时，也论述到天皇的尊严实际上并不存在，只不过是被人利用的一个工具罢了。

（权力者）自己把自己称为神，向人民要求绝对的尊严这是不可能的。但却可以通过自己膜拜天皇从而推举天皇为神，并将之强加于民。于是，他们自己一边恣意妄为地拥立天皇，一边在天皇面前叩拜，通过自己的叩拜把天皇的尊严强加于民，利用其尊严的幌子来号令天下。

这不仅只是历史久远的藤原氏[①]和武家[②]的故事。你瞧，这场战争不就是这样的吗？实际上天皇并不知情，并没有下命令。全都只是军人自己的意愿而已。在满洲某地发动事变，在中国华北某地挑起战争。更为甚者，连总理大臣都没有被告知真相。军部是何等的独断专行？而且那些军人们如此的不把天皇放在眼里，一边彻底地亵渎天皇，一边盲目地崇拜天皇。荒谬！简直荒谬至极！但这恰恰就是贯穿日本历史的天皇制的真相，日本历史虚伪的实态。

——坂口安吾：《堕落论》，角川文库，2013年（1957年初版），第123～124页

总而言之，坂口安吾论述了无论是日本的天皇制还是天皇，都只是权力者为了实现自身利益而拿来利用的工具，日本人应该从这种充满欺骗的道义和历史遗制中脱离出来，作为一个人重新开始。为此，他向我们展示的自由的生活方式是“首先要脱光衣服裸露身体，抛弃

---

①日本贵族姓氏，早在飞鸟时代（600～710年）就已存在。平安时代（794～1192年）以前，藤原氏族人均以本姓藤原称呼。而镰仓时代（1185～1333年）以后除公文以外，多以家名“苗字”（如近卫、九条）称呼。天智朝八年（669年），政治家中臣镰足临终前，天智天皇为表彰其参与大化改新之功，赐姓藤原，即是本姓之始。宽治元年（1087年）院政（由太上皇亲掌国政的政治制度）开始，藤原氏势力稍衰。明治维新后，包括由藤原氏嫡分而来的近卫氏、九条氏在内的“五摄家”（另为鹰司氏、二条氏、一条氏）被列为贵族之首，五大家族的宗主获“公爵”称号。藤原氏族在日本政坛上活跃了近千年，对当时的政治具有巨大的影响力。——译者注

②“武家”指日本历史上武士系统的家族和人物，与“公家”（天皇、朝廷和公卿贵族）相对，其核心是平氏和源氏。武家是从在古代公家的领地、庄园中负责武备警卫的家族发展而来，原是为公家所统治的阶层，后逐渐壮大，实质性地把持了全国政权，继而建立了镰仓幕府，公家则被傀儡化。——译者注

掉束缚我们的禁忌，追寻自己内心真实的声音。寡妇要去恋爱，即使坠入地狱也无所谓。退伍军人要变为黑市倒爷。”

在认同了关于天皇制和天皇的这一观点之后，我们下面再来思考昭和天皇负有的战争责任这一问题。就昭和天皇是否应该负有战争责任这一问题，日本国内也存在着各种意见。作为讨论这一问题的前提，我们必须事先区分“战争责任”的定义中含有两个方面，即对日本国内所负的责任和对外责任。一个是决定发动这场毫无胜算的战争，并且在已确定败北的情况下，仍一再拖延，没有当机立断，致使受害情况扩大的责任。这是对本国国民负有的责任。另一个战争责任是指侵略亚洲各国和地区，将其卷入战祸，为之带来巨大灾难的责任。这是对亚洲各国和地区的人们所负有的责任。日本的阵亡人数超过300万，而亚洲的牺牲者则更多，达到2000多万人。

首先来看第一个责任，昭和天皇在每年的6月23日（冲绳慰灵日）、8月6日（向广岛投掷原子弹）、8月9日（向长崎投掷原子弹）、8月15日（终战）的四天里，以不踏出皇居半步的方式来表达其对国民负有战争责任的态度。前《中央公论》杂志的总编辑粕谷一希不仅承认“最高战争责任在天皇”，还说“昭和天皇了不起的地方就在于他并没有逃避战争责任”。

作为甲级战犯被判处终身监禁的内大臣木户幸一在被押往位于东京丰岛区的巢鸭监狱以前，曾劝说天皇退位。据说木户后来曾说过“因为陛下是大元帅，因为您就是战争的最高负责人”（《朝日新闻》2006年8月28日）。此外，木户在东京审判中回答基南（Joseph Berry Keenan）检察官的询问时，曾说明：“在旧宪法下，对于内阁和统帅部决定的事项，习惯上天皇是不能予以否决的。”

1941年11月30日太平洋战争爆发前，东条英机首相上奏天皇说："就算开战，我国的钢铁产量和石油也都没问题，能够取胜。"不光天皇被蒙蔽，东条自己也被虚假浮夸的报告给欺骗了。

东条英机虽然在战争结束之前就从首相的位置上退了下来，但在其1945年8月11日的手记里对（日本）接受《波茨坦宣言》进行了批判，并这样写道：

害怕新式炸弹（原子弹），惊恐苏联参战，虽说是附加部分条件，但这种完全是以"战败者"立场答应无条件投降的印象会使全军将士丧失士气，给国民的战斗意志不断下降的现状带来雪上加霜的后果，还会给军队的统帅指挥上带来巨大混乱，在战斗力上恐怕甚至会导致精神崩溃。

如果依据既没有掌握正确的情报，又缺乏理性思维的东条的这一判断来进一步推动战争的话，日本将会是怎样的结果呢？恐怕战场上更多的士兵和平民会饿死和"玉碎"。

研究中国的学者川村嘉夫在旧时伪满洲（中国东北地区）度过了少年时期。就笔者的前一部著作，川村在给笔者寄来写有自己感想的信件中，谈到了自己的战争体验，让人了解到当时在日本本土以外的统治地区，甚至连女人和孩子都被命令"玉碎"的情况：

特攻队的出现意味着战争末期全体国民都被逼迫到实施人肉炸弹的绝境。说句不好听的，特攻队都被军队指挥部门树立成了国民的典范。不就是人肉炸弹的精英吗？这恰恰表明了那些下达愚蠢的同归于尽"玉碎"命令的战争指挥者的罪行深重。为此白白丧命的士兵和国民悲惨至极。

我在战败那年才上初中二年级。学校几乎不上课，让我们要么挖防空壕、蓄水池，要么给硬实的运动场翻土，种上红薯。1945年5月，由于本土作战，关东军于是向九州大转移。为了填补这一空白，在当地几乎连40岁左右的男性都一个不漏地被征集起来（在小学、中学的恩师和同学的父亲中，很多人被带到西伯利亚之后再也没回来）。

听当时在本溪（湖）（距今天的沈阳不远）的一个年轻女教师说，8月13日那天，因为苏联的坦克车队要来进攻，市长就下令大家“剪掉头发和指甲，写下遗书，死守工作岗位……让（小学）六年级和中学的男生们搬运弹药”，而她们自己则在太子河上的一座桥梁的桥墩处挖坑，抱着两个地雷炸弹，都已做好要和坦克同归于尽的思想准备了（男教师都被征兵走了，一个男的都没有）。

曾经是个死心塌地的“军国少年”的我，好像也已做好面对死亡的思想准备。因为自从特殊潜艇偷袭珍珠港开始，瓜达尔卡纳尔、菲律宾、冲绳、塞班的敢死队和陆、海、空特攻队的战况，每天都会报道。“武士道就是寻死”、“死轻如鸿毛”之类的话语每天不绝于耳，所以我经常想象着自己最后突入敌阵时将会是种怎样的心境，也许会如下面一样：

我所在的旅顺（现大连市旅顺口区）是海军的一个重要港口，有很多人在此游泳。上六年级时，一个令人敬畏的老师对我说“你的话，（从上面跳下来）是没问题的！”于是，我不得已站上了10米高的跳水台。这时，我感觉好像会被池子对面的水泥边撞碎脑袋，于是腿一个劲地发软（后来才明白是恐高症），我刚想从台上走下来时，听到一声大喝“受伤军人们全都看着你，你竟然要放弃？”没有办法，我只得闭上眼睛，一横心向空中一跳。

因为军国主义的教育是很令人恐怖的，所以在战败后的半年内，我都还在相信楠木正成、楠木正行兄弟俩的“七生报国”[①]之说，想着就算转世七次，只要不把美英两国打败就决不罢休。

太平洋战争中1/3的陆、海军死亡人员都不是因战斗阵亡，而是饿死的，军队指挥部门那种无视合理性和实证性的思维方式在这一事

---

①“七生报国”是凑川之战（1336年）中楠木正成与其弟楠木正行在与足利的最后一战前夕，兄弟俩在某寺庙共同祈祷时说下的精忠报国之语。原文大意为楠木某人愿始终效忠天皇，即使战死，来生、来生的来生、来生的来生的来生……（来生七代）也要为朝廷征战，灭尽天下朝敌，尔后慷慨壮绝战死。——译者注

实上得到了充分的体现。由于日本军队是让各个部队自己在当地筹集粮草，所以战况一旦恶化，粮草补给就立刻难以为继。正如大冈升平[①]的《野火》、《莱特岛战记》等作品中描写的那样，部队士兵们走投无路，都已到食同伴人肉的地步。甚至连拥护天皇至上的国家主义者德富苏峰在战争结束后都认为“我皇军都已烂到了骨髓”，“不热忱，不用功，无纪律，无节制，只知谄媚上司，对下傲慢，不过是以其军职作为武器来肆意妄为地谋求和满足自己的私利私欲”。

司马辽太郎指出的军队指挥部门所存在的愚昧以及缺乏合理性与现实性的精神万能论的问题也属于这一方面。战势颓败的1943年，当时才20岁的大阪外国语学校蒙古语科学生福田定一（即后来的司马辽太郎）以学生身份出征。翌年，作为坦克部队的一名士兵被派往伪满洲，司马他们必须凭借薄铁皮做成的坦克和火力弱小的枪械同重型装备的苏联军队对峙。司马对当时缺乏理智的军队指挥部门的犀利批判就出自于自己的战时经历。

但如果只追究发动这场毫无胜算的战争责任的话，就会变成这样一种结论，即可以欺负弱者（亚洲），但不能同比自己强大的对手（欧美）开战。据说年轻时的竹内好[②]（当时31岁）听到1941年12月8日太平洋战争爆发的消息后，觉得非常兴奋和放心。因为通过对美英开战，使得竹内对一直以来的日本总是欺负弱者的怀疑一下子就烟

①大冈升平(1909～1988年)，日本小说家，是雄踞日本战后文坛的旗手之一，与三岛由纪夫、井上靖并称为日本现代文坛三杰。1944年被征入伍，派驻菲律宾杜拉格岛，1945年为美军所俘。战后他根据这段经历，写成短篇小说《俘虏记》和中篇小说《野火》等，运用心理分析手法，描写被俘经过，反映战争后期士兵的厌战情绪、败局的必不可免和战争对人性的摧残，并探讨在生死存亡关头人的命运及其存在价值等问题，因而成为“战后派”文学的代表作家之一。——译者注

②竹内好（1910～1977年），日本文学评论家，中国文学研究家。毕业于东京大学中国文学科，后作为自由职业者专门从事著述活动，著有《鲁迅》、《中国的近代与日本的近代》、《现代中国论》、《中国革命的思想》、《新编鲁迅杂记》、《作为方法的亚细亚》等，其著述对日本学术界产生过巨大影响。——译者注

消云散了。竹内好在收录于《中国文学》昭和17年1月刊的一篇《大东亚战争与吾等的决意（宣言）》声明里说道，由于大东亚战争的爆发，使自己“感到胸中涌起的某种难以名状的情绪被激发出来”，并如下写道：

一直以来我都在怀疑我们日本是不是在以“建设东亚”的美名为掩饰来欺负弱者。其实我们日本并非畏惧强者。

然而同美英开战并不是为了停止欺负弱者，而是为了更加顺利、更加毫无忌惮地欺负弱者。同美国开战的太平洋战争乃日本亚洲侵略战争的另一战线。

接下来让我们思考一下日本给亚洲人民带来灾祸的这一战争责任的另一面。

使台湾和韩国沦为殖民地，在中国东北地区设立傀儡政权，把军队开进中国本土腹地，在亚洲各地进行杀戮、掠夺、暴行、强奸，这些都是无法否认的历史事实。总之，日本同欧美一样走上了帝国主义性质的侵略道路。

1942年2月，日军赶跑英军、占领新加坡时，把许多华侨当作抗日分子给杀害。他们未经审判就被刀枪所杀。这一数字日本方面承认的为5000人，而据新加坡方面的推测为4万～5万人。行刑地点就是今天新加坡的门户——樟宜国际机场的所在地，当时还只是海岸。下达这一“肃清”命令的是山下奉文司令。山下在新加坡作战时曾反对过“肃清”，但最终被幕僚驳回（《日本经济新闻》2009年8月12日）。笔者参观过的新加坡历史博物馆里就陈列着山下奉文的照片，照片下面写有“这人看起来像是做出如此穷凶极恶之事的人吗？战争把人都变成了恶魔”之类的话。旁边还展示有被送到新加坡当“唐行小姐”[1]的日本女性的照片，并附有同情她们的说明。读到这些发人深思的历史记载，让人感受到一种想要切断仇恨的连锁、构筑和平的坚强意志。

想到日本给亚洲人民带来的惨祸，昭和天皇作为国家的代表，是无论如何都免除不了自己对亚洲各国和地区发动侵略战争所负有的责任的。据《昭和天皇独白录》中记载，自从因1928年炸死张作霖事件逼迫田中义一首相引咎辞职后，昭和天皇就再也没有否决过内阁的上奏。所以罪恶的是“抬轿子”的人，但这一组织中的最高领导人同时负有“坐轿子”的责任。

据说战争结束那天在上海听到天皇宣布投降的“玉音”广播时，当时才27岁的作家堀田善卫非常关注天皇对于在整个亚洲范围内那些曾向日本提供过支持和帮助的人们的命运将会说些什么话。堀田自己也承认“这真是一种奇怪的听取角度”，但对于亚洲各国和地区的人们所负有的战争责任中也应包含这一点。日本侵略的支持者中，有的人作为汉奸被判处死刑，有的人被判处其他徒刑。堀田在评论《在上海》（1959年）中如下写道：

> 但当时天皇对此说过什么吗？既不说战败，又不说投降。这本身就不明不白的，而对那些支持者，只有“不得不表示遗憾”这样一句令人厌恶的双重否定句，仅此而已。

---

①唐行小姐（唐行きさん）是19世纪后半叶，日本对前往东亚、东南亚地区卖身的日本妇女的称呼。“唐”在古代日本指的是中国，后代指外国。唐行小姐主要来自长崎县岛原半岛和熊本县天草半岛。首先由叫作“女炫”的人把从贫苦山村物色来的女孩从她们亲人手里买下后，再转卖给称为“嫔夫”的人并将她们带往海外。最初唐行小姐主要被送到中国、香港、菲律宾、泰国、印尼的西方殖民者控制地区，目的是解决西方殖民军队和相关劳动者的性需求。随着西方殖民地的扩大，西伯利亚、中国东北三省、夏威夷、加利福尼亚、津巴布韦也出现了唐行小姐。这一现象在明治末期达到鼎盛。日本崛起后，唐行小姐被视为日本的耻辱，1920年随着《废娼令》的颁布，这种职业也跟着消失。海外的唐行小姐有的被接回日本从良，也有的留在了当地。——译者注

其余的就只有"我是……""我是……""我忠良的臣民……""这很可爱"之类的话了。这让年轻的我切身体会到这种薄情寡义和自私。

自1895年起沦为日本殖民地50年的台湾在"皇民化"政策下，即使在日常生活中人们都被强制使用日语，改个日本名字也成为公务员升迁的必要条件。但同时又非常歧视台湾人，据说是日本本土出身的人是一等国民，冲绳人是二等国民，台湾人则是三等国民。由台湾人组成的日本部队作为侵略亚洲的尖兵被派往各地，约有3万人战死。

据2007年公开的《小仓库次侍从日记》（1936~1945年）记载，天皇曾说过"因'支那事变'（即'七七事变'）我方军队被牵制在上海时，我曾非常担心。陆军并不知道'支那'方面在停战协定区域里早已建好了'碉堡'。由于部队被牵制，所以自己就说要增强兵力。我很清楚开战是件极其慎重的大事，一旦开战就必须打到底，而且不得不这么做"。这段发言明显表明天皇确实参与了这场日中战争。这是作为加害人所应负有的责任，也是针对亚洲各国人民所应负有的责任。而且，这方面的战争责任并非是把所有责任全部推卸到昭和天皇和甲级战犯身上就能撇清的问题。为何没能阻止军队和政府发动侵略战争？这是依附于当时强权的所有人都应背负的深重罪责。

昭和天皇自己也承认不仅对日本国民负有战争责任，还对其他国家也负有一定的战争责任。1975年11月，昭和天皇战后第八次参拜了靖国神社。但从此以后就再未参拜。能够猜想到的原因是1978年10月17日靖国神社合祀了14名甲级战犯。这14人是东条英机等在东京审判中被宣判死刑的7人、松冈洋右等在宣判前就已病死的2人，平沼骐一郎等在狱中死亡的5人。

昭和天皇担心其他国家对合祀甲级战犯有看法，这可以从1988年

4月20日天皇的发言中窥探一二。据《日本经济新闻》得到的当时宫内厅长官富田朝彦的笔记记载，天皇说了如下一番话（《日本经济新闻》2006年7月20日）：

我在某天听到了一些人要合祀甲级（战犯），甚至连松冈、白取[①]都包括在内，而筑波[②]已经谨慎地帮我应对了此事。但松平[③]的儿子，即现在的宫司是怎么想的？我想松平他自己是强烈希望和平的，但松平的儿子却如此随意地合祀甲级战犯。真是“儿子不知父亲的心”。所以从那以后我就再没去参拜。这就是我内心真实的想法。

这也可以从宫内侍从卜部亮吾在1988年4月28日的日记中记载的相关内容中得到印证：“长官（富田）拜谒天皇后出来，谈到靖国神社的战犯合祀和中国对此事的批判、奥野发言一事。”同月22日，国土厅长官奥野诚吾就阁僚参拜靖国神社问题，发表了诸如“白人把亚洲变成殖民地”、“为何日本就是侵略国家呢？”等言论，遭到中国和韩国的猛烈抨击。据卜部生前所说，天皇在听到宫内人员对奥野的言论和舆论对此做出的反应的报告后，含泪说道：“连有些英国人和美国人都能理解我的心情，可……”（《朝日新闻》2007年4月26日）

决定把甲级战犯合祀在靖国神社的宫司松平永芳在1985年后吐露心声说：“我很自负地认为我这一生做过的有意义的事就是合祀甲级战犯。否定现行宪法是我们的愿望，但在此之前要在推翻远东军事法庭根基的这种意图下，重新把14名甲级战犯供奉为祭神。”松平宫司

---

①松冈是指被作为甲级战犯祭祀的前外相松冈洋右，白取则是指前驻意大利大使白鸟敏夫。——译者注

②指当年的靖国神社宫司（即负责人）筑波藤磨，这段话指的是1966年时，靖国神社从日本政府处接过甲级战犯的祭祀名录后，筑波没有把他们的牌位供奉上去合祭。——译者注

③指战败时期的宫内大臣松平庆民，而他的长子松平永芳是靖国神社的宫司。松平永芳于1978年10月决定把以东条英机为首的14名甲级战犯牌位偷偷移入靖国神社合祭。——译者注

的最终目的在于修改现行宪法，把日本转变为能再次发动战争的一种国家体制，这一思想同天皇的想法截然不同。

现任平成天皇在其还是皇太子时的1959年同日清制粉公司社长的大女儿——正田美智子结婚了。由于这是皇位继承人首次从皇族以外迎娶平民妃子，所以受到了众多国民的祝福。现在的天皇和皇后对于自己将来死后埋葬一事也有自己的主张，他们希望自己和众多国民一样实行火葬。因为如果像昭和天皇一样土葬的话，担心需要占据巨大的墓地面积，并会增加与之相关的诸多费用。

此外，据说他们还考虑到发生东日本地震和福岛核电站泄漏事故以后日本所面临的财政困难的情况。于是，他们打破了自1654年起一直持续至今的皇族土葬这一传统。

山田风太郎[①]也说过天皇的存在也有积极的一面。但一旦过于拔高天皇的作用，则其负面因素就会跟着多起来。判断天皇是否具有危险性的基准在于“天皇受宫内厅官员等人暗地强迫指使而表现出的傀儡程度”（山田风太郎）。

二、战争责任和东京审判

关于战争责任这一问题，还必须谈到1946年5月3日～1948年11月12日历时两年半的东京审判（远东国际军事法庭）。东京审判是同盟国为制裁日本的战争领导人而设立的，有28人被起诉，25人作为甲级

①山田风太郎（1922～2001年）以忍术和忍者系列小说而闻名的日本著名小说家，擅长写传奇小说、推理小说、时代小说，被誉为日本的金庸。——译者注

战犯被判刑，其中7人被判绞刑。东京审判在弄清日本军队和政府的领导人是怎样走上战争之路的问题上具有历史性的重要意义。如历史学者粟屋宪太郎指出的，《旧金山和约》第11条里明确写明日本正式接受了东京审判的判决，东京审判还是界定战后日本发展方向的一个重大因素。

下面三条是同盟国制裁轴心国战争罪行的审判起诉理由。各甲级战犯或乙、丙级战犯是根据其罪行的种类，而并非根据罪行的深重来分类的：

（1）反和平罪（违反国际条约，进行谋划、发动、实施战争的罪犯）；

（2）一般战争罪行（违反战争的法规及惯例的罪犯）；

（3）人道主义上的罪行（奉上级命令而实施虐待和杀人的罪犯）。

其中，（2）和（3）是一直作为国际法为世间所知的罪行。违反战争规则而杀人，以及杀害和虐待平民和俘虏的行为是其惩罚对象。这里所说的国际法是作为习惯法和国际条约的集成实定法，是指国际上就交战方法和战争手段达成的协议。例如：（1）开战时必须向对方宣战；（2）不许杀害非战斗人员；（3）禁止使用毒气等残忍的屠杀武器；（4）不许杀害和虐待俘虏等。具体来说就是将1907年的《海牙公约》和1929年的《日内瓦公约》中有关交战时的规则整理成文，违反这些规则的行为即是战争犯罪。

与此相对，起诉理由（1）则是把发动不正当战争本身作为战争犯罪来进行制裁。这是以策划、准备、发动、实施侵略战争或违反国际法的战争，以及参与共同谋划的行为作为惩罚对象。东京审判中被制裁的就是这种甲级战犯。

在如何对待战俘的问题上，日军也没有遵守有关禁止虐待俘虏和杀害平民（当地居民）的国际法规定的意识。1938年，日本海军在中国广东省澳门以西的三灶岛上建造飞机场。后来，这个机场成为轰炸中国本土的据点。日军为了防止泄露机密，禁止岛上居民逃亡岛外。在岛内实施强制搬迁，并烧毁了村庄，还曾一次性杀害300人。曾经有1.2万人的岛上居民逃的逃，杀的杀，最后仅剩下1800人。从三灶岛事件可以看出，日军认为，对敌国的人无论是俘虏也好，平民也好，都可无所顾忌地加以杀害。

此外，日军曾对外国士兵以违反国际法为由实施过刑法。1945年5月14日，美军的B29轰炸机空袭名古屋，造成300人死亡。当时从被击落的B29轰炸机上有机组人员跳伞逃生。被抓住的11名美国士兵在7月11日召开的军律会议（审判）上被判处死刑，翌日即被执行。他们的罪状是不区分打击目标地轰炸住宅区，杀害平民。在这一点上，日本采取了本国军队不负有遵守国际法的义务，但对敌军却按国际法进行惩罚的双重标准。

被判死刑的乙、丙级战犯人数众多的一个原因就是军队的高层为了减轻自己的罪行而进行了串供。作为履行天皇统帅权的机构，海军中有军令部。1933年“军令部令”生效，决定军舰建造数量和兵力人数的权限由海军省移交到了军令部。九年间，让皇族的伏见宫博恭王担任军令部总长一职也是为了强化军令部自身的组织权限。决定同美国开战的军令部总长是在第一章第二节中提到过的永野修身。军令部负有重大的战争责任是不容置疑的。但偏偏就是这个军令部在战争结束后竟然成为为了免除天皇和军部所负有的战争责任而运作的一个工作机构。曾在此工作过的员工谈话回忆录被保存在磁带里（2009年8

月11日，NHK特别纪录片《日本海军400小时的证言》）。

关于海军大臣嶋田繁太郎，和永野一样曾在第一章第二节中提到过，嶋田作为甲级战犯也有可能被判死刑。日本的第一潜水艇舰队在印度洋上击沉了美国的商船（石油运输船），枪杀那些漂流在海上的船员而被追究在人道主义方面犯下的罪行。这是奉军令部的命令执行的，命令文书由水户少将完成。但在东京审判中，水户作证说该文书是伪造的，并没有军令部的命令。因此嶋田海相只判了无期，三年后被释放。取代他被判死刑的是在现场执行枪杀命令的乙、丙级战犯。

1945年4月，100名日本士兵在印尼爪哇岛的苏腊巴亚（Surabaya）包围并杀害了五名俘虏。这是奉军令部管辖的舰队司令部下达的命令行事的。然而，舰队司令部的参谋却不承认曾下达过此项命令。在现场下令的下士军官筱原多磨雄则作为乙、丙级战犯被判处死刑。由于筱原承担了这一罪责，从而避免了这100名士兵的死刑。军队高层为了逃避责任而把罪行全部推到了筱原身上。海军中被判处死刑的200名乙、丙级战犯中几乎全都是现场指挥的下士军官。

作为乙、丙级战犯被制裁的人当中，还有被日军征兵的韩国人、朝鲜人和中国台湾人。148名韩朝籍战犯中有23人被判死刑。此外，173名台湾籍战犯中有26人被判死刑。他们中的很多人是担任俘虏收容所看管要职的军队附属人员（并非军人，而是从事军务的人员）。遭到虐待的俘虏们所仇恨的并不是那些下此命令的人，而是直接对他们下手的人。这些韩、朝和中国台湾籍军人及军队附属人员在战争审判中被当作日本军人看待的同时，又以他们是外国人为由而未被日本政府纳入战后的《战争伤病者阵亡者遗属等援护法》和《恩给法改正法》的支付对象当中。其具体人数为韩朝方面的军人是23万人，军队附属人员是15万人，中国台湾方面的军人是8万人，军队附属人员是13万人。

三、首相参拜靖国神社的问题

与天皇制一道，支撑战前民族主义的另一个意识形态的工具是国家神道，其象征就是靖国神社。在支持首相参拜靖国神社的政治家当中，还有人主张现在的天皇也应该像明治天皇一样去参拜靖国神社。

战后1952年，靖国神社根据《宗教法人法》成为宗教法人。身为首相参拜靖国神社的人当中，著名的自民党鸽派人物三木武夫是第一个。1975年8月15日，他以“私人”身份参拜了靖国神社。如前所述，在1978年14名甲级战犯被合祀在该神社。中国和韩国就是从这时开始对日本政要参拜靖国神社问题反应敏感起来的。1984年8月15日，鹰派的中曾根康弘首相正式参拜靖国神社时，中国强烈反对并进行了游行示威。

小泉纯一郎首相在2001年8月13日出其不意地“正式”参拜了靖国神社。此后每年他都要去参拜。2006年8月15日，小泉首相的“正式”参拜给经济交流不断深化的日中关系、在“韩潮”中急剧升温的日韩关系投下了巨大的阴影。

下面就从靖国神社的设立、中国和韩国的要求、小泉首相的逻辑、美国对此问题的批判这四个方面来探讨首相的靖国神社参拜问题。

首先从靖国神社的设立来看。明治维新政府成立的1868年，在江户城的大广间举行了招魂祭。招魂祭是侍奉天皇的志士们追悼亡故同仁的一种仪式。翌年创建了靖国神社的前身——东京招魂社。该设施合祀战亡者是从1875年祭祀在前一年的“台湾出兵”[1]行动中阵亡的12人开始的。将其改称为“靖国神社”则是在1879年。靖国神社就像著名学者三土修平一针见血地指出的：1883年的《军人敕谕》[2]和1890年的《教育敕语》[3]一道，成为支撑明治宪法下天皇制所不可缺少的补充。靖国神社要求国民效忠天皇，发扬民族主义，并通过这一方式最终成为赢得国民对当时政府的支持、发动侵略战争的工具之一。

战后的日本理应明确表明要同过去的殖民主义、帝国主义彻底决裂的态度。然而，靖国神社是支撑战前和战争期间日本民族主义与侵略战争的意识形态的装置——天皇制和国家神道的一种体现。日本如果真的已同殖民主义和帝国主义诀别了的话，就应该如同战后废除1883年颁布的《军人敕谕》（军队直属于天皇，讴歌军人精神教育）和1890年颁布的《教育敕语》（为了灌输天皇制下的国民道德，在国家法定节假日里让学生负有诵读该敕语的义务）一样，可日本为何不拆除靖国神社呢？如此一来，就算遭到曾受日本侵略的亚洲各国人民针对日本提出的类似批判，日本政府和日本人对此也是百口莫辩的。

其次，从中、韩两国的意愿来考虑首相的靖国神社参拜问题。如前所述，从靖国神社的设立和在过去的侵略战争中所起的作用来看，出现“为何还要保留靖国神社？”的批判质疑之声也是不足为奇的，但实际上中、韩两国都未要求拆掉靖国神社。中国官方对日中战争的看法是日本人民也是战争的受害者，战争责任是在一部分军国主义分

---

①指1874年（明治7年）明治政府向“台湾”出兵。这是明治政府和日军的首次海外派兵，又被称为“牡丹社事件”或“征台之役”。——译者注

②指日本在1882年由明治天皇颁布的对军人的训令。它的颁布标志着以儒学理念为核心的传统武士道精神的新发展，为日本军国主义的发展奠定了广泛而坚实的思想基础。——译者注

③指日本明治天皇颁布的教育文件，其宗旨成为二战前日本教育的主轴。由山县有朋内阁的内阁法制局长官井上毅等人负责起草，于1890年10月30日颁布。——译者注

子身上，所以也并未要求遗属和普通人不要参拜靖国神社，仅仅是说希望首相和阁僚不要正式参拜。因此从某种意义上来说，中韩两国对日本还是较为宽容的。

而在日本国内，小泉注意到他的参拜行为反而会引发日本媒体和民众对他的关注，使自己的支持率愈发攀升，起到一种“小泉剧场”似的表演效果。因此，在对待参拜靖国神社的问题上，只要一有机会，他必定会反复发表“日本的首相参拜日本的设施，对战亡者表示哀悼有何不可？”的挑衅性言论。小泉根本不去追问设立靖国神社的目的和其发挥的作用，而仅仅只是把它作为一般论来进行论述，从而引逗国民的民族主义。其时机“令人吃惊”，其外表也“犹如变色龙”，媒体和国民完全被擅于巧妙操纵传媒好奇心的小泉首相的表演所欺骗（《每日新闻》政治部副部长伊藤智永）。“小泉剧场”的招数在于充分算计其政治上的效果。这也可以从小泉在他担任首相之前一次都没参拜过靖国神社的这一事实中窥见一斑。这正如美国学者诺姆·乔姆斯基（Avram Noam Chomsky）所批判的，完全是“观众型民主主义”。日本的国民只不过是作为观众，被巧妙地利用在了政治家的人气投票之上。

关于靖国神社问题的第三点，我们来探讨一下小泉首相的有关说辞。日本人并不是不体谅过去成为日本殖民主义牺牲品的亚洲各国和各地区人民及其遗属的悲愤心情。小泉首相也说过“祭奠死者灵魂是不分敌我的，甲级战犯如果也死了，给予平等对待是日本的精神传统。”但这只不过是他所擅长的岔开主要问题的一种逻辑。因为按照小泉的“只要死亡，就不分敌我”的这种逻辑，则靖国神社的合祀就并不成立。相反靖国神社正是基于“挑选死者”的思想（三土修平）而设立的。

从创建以来截至2004年10月为止，合祀在靖国神社内的人数共有2466532人，其中94%是中日战争、太平洋战争期间的阵亡者。靖国神社虽然有悼念采用武力来统治殖民地一方的牺牲者之意，却没有对受到殖民统治的镇压而惨遭杀害的当地民众的悲惨遭遇表示出应有的同情。在1930年的台湾“雾社事件”[①]中，先住民起义反抗日本的镇压，战死343人，还有296名先住民自杀，564人投降。《靖国神社忠魂史》把这一事件中死亡的22名日本军人和6名警察当作“英灵”来祭祀，歌颂其功绩，却把台湾先住民的反抗记载为发动“凶暴的反叛”，后被“讨伐”。靖国神社既然信奉宗教，那就应该把包含其他国家的牺牲者和本国的叛乱者在内的所有的战争死亡人员来进行慰灵，但事实上却并非如此。

江户末期，同萨长军[②]作战的德川军、“新选组”[③]的将士和会津藩“白虎队”[④]的少年士兵都未被祭祀在靖国神社内。会津藩并非一贯都是“贼军”。会津藩藩主松平容保曾任京都守护一职，护卫御所[⑤]。1864

---

①1930年发生在日本统治时期的“台湾”的一次抗日行动。地点在台中州能高郡雾社（今属南投县仁爱乡）。事件是因当地赛德克族（马赫坡社）因不满“台湾”总督府与地方政府的压迫而起，牺牲人数近千人。事件领导人莫那鲁道自杀，参与行动的部落几遭灭族，雾社事件是日本统治“台湾”期间最后一次武装抗日行动。“台湾”总督府对此事件的处理方式遭到日本帝国议会的强烈质疑，总督石冢英藏与总务长官人见次郎等人遭到撤换。——译者注

②江户幕府末期以打倒江户幕府为目的的政治运动。1866年，在萨摩藩与长州藩之间缔结的政治、军事性同盟。后来以萨长两军为骨干的官军击败幕府军，于是幕府将大政奉还于天皇，开启了日后明治维新的契机。——译者注

③新选组（日语“新撰組”）是日本幕末时期一个亲幕府的武士组织，也是幕府末期浪人的武装团体。主要在京都一带活动，负责维持当地治安，对付反幕府人士。在“戊辰战争”中协助幕府一方作战，1869年战败投降后解散。——译者注

④1868年打倒德川幕府的倒幕势力和维护幕府的旧幕府会津藩势力之间发生了战争，史上称为“戊辰战争”。旧幕府势力在各地不断战败，最后会津也成为战场。会津藩势力尽全力抵抗。其中由16~17岁的少年组成的军队被称为“白虎队”。战败后退至饭盛山的20名白虎队队员站在饭盛山顶远望被战火包围的鹤城，以为城池已破，君主阵亡。于是全体在饭盛山顶自尽，只有一位生还。因此“白虎队”的故事才广而流传。——译者注

⑤位于京都府京都市上京区的皇居。从镰仓时代中期至明治初期为天皇居住的宫殿。——译者注

年“蛤御门之变”[①]中火攻京都，绑架孝明天皇，图谋叛乱的是长州藩。只是转瞬之间，官军和贼军的立场就发生了大逆转。历史小说家早乙女贡在其著作《会津士魂》的最终卷里愤慨地写道：“坚持诚信的忠义之士竟然被背上‘朝敌’的污名。”

自由研究学者星亮一认为1868年官军把会津藩打得落花流水的会津战争是场“充满争议的战争”。“把可怜的少年的首级装在盘子里来举办酒宴就是正义的战争？不分昼夜地向老弱妇幼连续发炮攻击就是正义？”正是常言所道的“成王败寇”。明治大学教授冈野加穗留抓住靖国神社仅仅只是祭祀了官军，而未祭祀败军德川一方人员的这一问题，从而断定靖国神社只是“胜利方的象征”。即使是明治以后的“佐贺之乱”[②]（1874年）、“西南战争”[③]（1877年）等内战，政府军的战亡者都成为了靖国神社内的祭神，而参加叛军的人们却未被祭祀在内。发动佐贺之乱的江藤新平是作为司法大臣，构筑了新政府的法律制度基础的一个高级官僚。西南战争中被祭奉为反政府势力魁首的西乡隆盛是明治维新的功臣之一。他们全都是为明治时期日本的国家建设做出了不可估量的重大功绩的人物，却都未被靖国神社祀奉在内。

为能祀奉在靖国神社里，除了要具备曾跟随在政府军一方这一条件以外，还需具备战死或因公殉职这一条件。为明治天皇殉死的乃木希典，“日本海海战”[④]中大破俄国波罗的海舰队、86岁病逝的海军大

①1863年9月30日（阴历八月十八日），长州藩（山口县）政变，藩主失去了政治信任，翌年7月挥兵上京（京都），欲挽回地位。8月20日（阴历七月十九日）至京都御所蛤御门附近和诸藩兵士发生战斗，又称“禁门之变”。——译者注

②1874年(明治7年)2月1日，以曾任参议的江藤新平为首的2000多名旧佐贺藩士在佐贺揭起了反对新政府的旗帜，出师的主要名义是指责对朝鲜的软弱外交，打倒现政府，恢复旧的朝议制度，发扬皇威。2月4日，太政官命令陆军省出动附近的镇台（明治前期的各陆军军团）。反政府军16日烧掠了佐贺县厅。大阪、广岛、熊本各镇台的军队，击败反政府军，28日夺取了反叛分子根据地佐贺城。对于抓获的残余分子，大久保迅速将其所有干部处以极刑。史称佐贺之乱。——译者注

③西南战争发生于明治10年（1877年）2月至9月间，是明治维新期间平定鹿儿岛士族反政府叛乱的一次著名战役。因为鹿儿岛地处日本西南，故称之为“西南战争”。——译者注

④也叫对马岛海战。1905年日俄战争时，日本联合舰队在日本海一举歼灭远道而来的沙俄波罗的海舰队。——译者注

将东乡平八郎，在八甲田山深山里的雪地行军[①]中遇难的士兵们都未被祀奉在靖国神社内。而冲绳的“姬百合”救护队[②]、被击沉的“对马丸”号上的疏散儿童[③]、随军护士却被祀奉在内。与其说“镇魂”和“葬礼”是为了死者，不如说是为了活人。靖国神社的合祀不只是单纯地慰灵战亡者，而是把他们作为“英灵”来“彰显”，其目的完全是想通过仅仅歌颂那些效忠天皇制和国家神道而战死或因公殉职的人们，来要求国民对政府更加肝脑涂地地效忠。

靖国神社问题第四点应该探讨的是美国对此问题的看法。小泉首相参拜靖国神社的行为不仅遭到亚洲各国，甚至还遭到美国的谴责。美国下院外交委员会委员长亨利·海德（Henry Hyde）向议长递交了一封写有“如果小泉首相希望自己访美期间能在美国议会进行演讲的话，就应该承诺不去参拜靖国神社”内容的书信。前美国国防部日本部长保罗·吉阿拉（Paul S. Giarra）批判2006年改建的靖国神社内的战争博物馆“游就馆”是为了宣扬二战中日本在政治和道义上的正当性的一座建筑。

从以上这些观点来看，对于参拜靖国神社问题，日本在外交上应该采取的应对措施自然一目了然。按照中国和韩国提示，日本要放弃首相和阁僚正式参拜靖国神社。当然，这并不意味着战前和战争期间就已作为殖民主义和天皇制、国家神道象征的靖国神社的本质会因此

①八甲田山是位于日本本州北部青森县的一处连绵火山群，海拔1300米，冬季积雪很深。为准备同生活在寒带的沙俄军队作战，1902年1月23日，日军大本营决定在八甲田山最恶劣的季节里，派遣第8师团的两个精壮分队，分别从八甲田山的东边和西边横穿此山，进行极寒训练。最后结果是一队除一人受伤中途退出外，全员顺利到达目的地。另一队人马210人最终死亡199人，成为日军历史上一个惨重的事件。——译者注

②二战中，日军为了死守冲绳，要求平民也加入战斗，并让他们在面临被俘的危险时自杀殉国。冲绳县立第一女子高中和冲绳师范中专的师生们这时组成了一支叫作“姬百合”的救护队，冒着炮火在战场上抢救伤员。在美军攻占冲绳时，她们退到一个黑暗的洞穴里拒绝出来投降，最后全部拉响随身携带的手榴弹自杀。——译者注

③1944年8月的太平洋战争中，在冲绳航行的学童疏散船“对马丸”号，被美军潜水艇的鱼雷击沉。1400余名学童和教师罹难。——译者注

而消失。如果真的打算把过去遗留下来的与殖民主义相关的意识形态的工具全部清除的话，只有拆除靖国神社。然而，中、韩两国都没有提出这样的要求。用本章的一个关键词“相互理解”来说的话，中国和韩国都对日本人民的苦难和悲哀表示出了相当的理解，至少两国都没说要否定战争遗属对靖国神社寄托的哀思和祈祷。

1939年于战争期间创作的《九段的母亲》（作词：石松秋二）这首歌就表达了一位“靖国之母”对阵亡的儿子寄托的哀思：

从上野车站到九段/找不到路，焦急不堪/

杵着拐杖走了一天/儿子，妈妈来了，来看你了。

年迈、步履蹒跚的老母亲坐着火车，从东北地区千里迢迢地来到位于东京九段祭祀着儿子的靖国神社。在当时那个宣扬战争、斗志昂扬的年代，虽身为母亲，也不允许光明正大地哀吊自已的儿子。然而，无论怎样把儿子作为英灵来祭祀，无论自已怎样被尊崇为“靖国之母”，死去了的儿子永远不会再回来的事实残酷地摆在了这位老母亲的眼前。

即使是在战后，以歌唱参拜靖国神社的母亲为题的流行歌曲也是极具人气。岛仓千代子演唱的《东京哟，妈妈》（1957年创作，野村俊夫作词，船村彻作曲）这首歌就表现了一位在东京工作的女儿呼唤故乡的母亲，带她来东京观光的故事：

牵起久违的妈妈的手/咱母女能并肩走在一起，真令人高兴啊/小时候的情形再次浮现眼前/妈妈啊/这里，这里就是二重桥①/拍张照片吧。

亲切的大哥/只要想听到故乡的消息/想必就会在樱花树下翘首等待吧/妈妈啊/那里，那里就是九段坡②/会见到他哭吧/哥哥也会哭吧。

正如从这些歌曲中体会到的，遗属们寄托在靖国神社的哀思暂且不说是否合适，这首先是失去了儿子、父亲、兄弟的遗属们忍着

①皇居内的标志建筑物。——译者注

②靖国神社所在地。——译者注

巨大悲痛，为了在战后能够活下去的一个精神支柱。还有壶井荣[①]的小说《二十四只眼睛》中也写到孩子们被灌输了自己如果“光荣地战死”，自己母亲就会被授予“靖国之母”荣誉称号的教育。

在日本国内为了避开国外针对首相参拜靖国神社的批判，还有人提议另建一座国立战亡者追悼设施。但这是一种浪费税收的行为，就算建造了另外的设施，靖国神社的本质及其意识形态并未随之消失。此外，对于那些算计着政治上的效果而去参拜靖国神社的政治家来说，到访靖国神社以外的一般追悼设施并无太大意义。

担任“战亡者妥善处理全国联络会”副会长的秋山格之助也在给报社的投稿中申诉说在日本国内连专门安葬那些无人认领和身份不明的战亡者遗骨的国立墓地都没有（《朝日新闻》2006年8月15日）。据说千鸟渊战亡者墓园并不是一块经过申请和批准的墓地，只不过是个“遗骨保管所”。如果不是为了避开针对参拜靖国神社的批判，而是为了追悼包含“无名战亡者”和亚洲人民在内的所有因战牺牲人员而建设墓地和相关设施的话，这也许会成为一种“非靖国”性质的意识形态的实践之一。

四、中日两国围绕岛屿问题的纷争

2012年9月，受当时东京都知事石原慎太郎的煽动，日本民主党

①壶井荣（1899~1967年），是出生于日本香川县小豆岛的女作家。战争期间，她在38岁时创作了短篇小说《萝卜缨》，还参加了无产阶级文学运动。其代表作《二十四只眼睛》以小豆岛某所小学分校的女教师为主人公，用细腻的笔触描写了这位教师所教过的12个农民和渔民的淳朴孩子因贫困和战争所遭遇的不幸。该小说多次被改拍成电影。——译者注。

政府决定对“尖阁群岛”（中国称钓鱼岛）实施国有化。此行为遭到中国的强烈反对，在中国各地发生了反日游行。这年夏天，笔者在中国南方旅行，在南昌和九江偶遇到当地的游行。这两地的游行队伍全都秩序井然，比较平和。但在长沙和青岛等地则发生了日资的超市、百货店和工厂遭到暴徒破坏和抢劫的事件。

此后，日中关系骤冷，不光是政府层面的外交，对民间的文化交流，以及贸易、观光等经济交流也投下了巨大的阴影。就笔者个人而言，由日本外务省主办的“中国青年邀请项目”的讲座在经过数次延期之后，最终被取消了。具体负责实施这一项目的日本国际协力中心（JICE）的工作人员不得不辛苦地进行着各方面的联络和协调，非常可怜。因政府间毫无结果的对立而遭受痛苦的是那些在双方窗口岗位上工作的人们。

据2013年8月5日NHK电视台的新闻报道，由日本的NPO和中国政府方面主办的英文报社共同实施的调查结果显示，在日本讨厌中国的人数比率和在中国讨厌日本的人数比率，两者都超过了90%。两国之间对对方的国民感情已经显著恶化。

两国围绕岛屿的争执同前面所说的历史认识问题有很大的关系。考虑到今后的日中关系，这是个不可逾越的难题。下面就来探讨一下解决这一争执的关键在哪里。

解决岛屿问题的第一个关键是认清煽动日中之间的对立、坐收渔翁之利的人到底是谁。在2013年7月举行的参议院议员选举中，正如事前预测所料，自民党大胜。由安倍晋三首相和石破茂干事长领导的自民党，以及由大阪市长桥下彻和前东京都知事石原慎太郎领导的新党“日本维新会”在国会的势力得到扩大。被看作是日本保守派和右翼的这些人通过强调朝鲜的核威胁和同中国的争执，来煽动日本国民的危机感和民族主义。这与因参拜靖国神社而招致中、韩两国的批判，并以此为杠杆来增加选票的前首相小泉的手法如出一辙。

第二点应该留意的是在岛屿问题的背后有美国的存在。安倍首相和小泉前首相共同的态度是倚靠美国、取悦美国。虽然常说日本已经“右倾化”，但无论是自民党，还是日本维新会，都是以强化日美同盟为其大前提的。2012年，当时的东京都知事石原慎太郎在美国华盛顿的一次演讲中说东京都计划购买“尖阁群岛”（钓鱼岛）。当时他只表明购买鱼钓岛（钓鱼岛）、北小岛和南小岛这三座岛，却没有提到私有的久场岛和国有的大正岛。其原因是久场岛和大正岛作为“射击和轰炸场”（现在未被用于军事演习）被置于美军的管辖之下。[①]这完全是贴近具有强大军事实力的美国，借大国之威来说事，是可耻卑鄙的“右倾化”。日本的“右倾化”既不是真正的右翼，也非原来的民族主义。

日本的“右倾化”从经济领域来看，则是基于新古典派经济学原理上的弱肉强食的市场规律至上主义，是在美国的军事安全保障、军事产业、金融、知识信息这一复合体不断深化推进的全球化背景之下，通过战争来实现军需产业获取的利润和财富进一步向富裕阶层集中。所谓的全球化，其实是美国式资本主义的标准化，也是跨国企业更加自由地追求利润的过程。

第三个关键在于能够理解日中双方的意见各自都有其一定的道理。中国方面主张钓鱼岛是其领土的依据在于以下几点：

（1）自明清时期以来在历史文书上就已经有关于钓鱼岛的记载。

（2）江户中期的日本知识分子林子平所著的《三国通览图说》

①丰下楢彦：《何谓“尖阁问题”？》，岩波现代文库，2012年，第8~9页。

中就有钓鱼岛是清国领土的图示。

（3）日本趁着“日清战争”（即甲午海战）的混乱之机宣称了对“鱼钓岛”（钓鱼岛）的领土所有权。

与此相对，日本方面主张为其领土的主要依据如下：

（1）1895年1月日本将其作为“无人占领地”而宣称自己对其领土占有时，清朝政府方面对此毫无异议。

（2）中国在1960年出版发行的《世界地图册》中，将标有“尖阁群岛”（即钓鱼岛）字样的岛屿划归为冲绳县。①

（3）中国主张钓鱼岛属于自己的领土是在1968年联合国亚洲和远东经济委员会（ECAFE）的报告中说该海域很可能蕴藏丰富的石油资源之后。

这些理由都依据了各自的历史事实。笔者在此要特意说明的是，将以上中日双方各自的理由摆出来的目的并不是想论述哪方的主张是正确的，而仅仅只是将两国政府、学者、记者各自是如何主张的这一事实呈现出来。笔者认为两国在互相确认这些事实的基础上再来进行协商的话，就能找到妥协和解决的道路。台湾“总统”马英九说：“台湾主张钓鱼台的领土主权，但解决问题最好的办法是暂时搁置领土问题，共享资源。”（《日本经济新闻》2010年11月11日）。这一提案符合1972年周恩来总理提出的方针和1979年邓小平的谈话。

解决岛屿问题最终的关键在于不断加深中日双方各界、各阶层的相互理解和交流。这是一项需要智慧和忍耐力的艰苦工作。

日本和韩国之间也存在着领土问题的纠纷。竹岛（韩国称独岛）

---

①日本问题专家、复旦大学历史学系教授冯玮对此进行了反驳：由于当时中国相关技术不及日本，出版该地图集时某些地点标注部分采用了日方资料，并沿用日式名称。日本以前出版的地图中也曾多次出现未标注所谓“尖阁诸岛”的例证。单凭一份地图资料并不能成为日本提出其主权要求的凭证。此外，据我国专家学者考证，从古至今有大量历史资料可以证明钓鱼岛及其周边附属岛屿自古以来就是中国的固有领土，且至于中国管辖之下。对此中国政府的态度是敦促日方应当正视当前中日关系的严峻局面，尽快纠正侵犯中国主权的错误做法，承认钓鱼岛主权争议，回到谈判解决钓鱼岛问题的轨道上来。——译者注

现在处于韩国实际控制之下，但日本则以该岛属于岛根县管辖为由宣示其领土所有权。就竹岛（独岛）问题，曾留学日本的韩国女作家朴裕河认为如果遵照如下方向实现和解的话，也许对双方来说能有更大的收获。朴裕河所指出的解决方向难道不同样适用于日中间的岛屿问题吗？

把一年中有半年刮着狂风，而且实际上并不被认为具有多少利用价值的独岛变成现在有点儿价值的正确做法应该是，不要乱说些未经验证且辞藻华丽的修饰语来宣示自己对它的所有权，而是通过独岛问题来达成圆满的和解。独岛上如果有资源的话，还有共同开发这一方式吧。庆尚道和岛根县的渔民也能一起追求利益。在自由贸易协定普遍化的当今时代里，这种方式在现实操作中应该不是那么难办到的。即便硬要勉强来计算独岛所谓的“经济价值”的话，那么以对对方的好感为基础来进行两国间的文化交流所创造出的价值显而易见地要远远超出双方对立的价值。

——朴裕河：《为了和解——教科书、慰安妇、靖国神社、独岛》，平凡社，2011年，第268页

每年到8月份的终战纪念日的那天，在日本都会有许多控诉战争的悲惨和不正当的报道。日本人同中国人一样，许多人都知道战争的悲惨和残酷，同样不希望发生战争。关于这一点，日中两国的媒体必须要向各自的国民充分地加以传达。

第五章
推动经济文化交流的建议

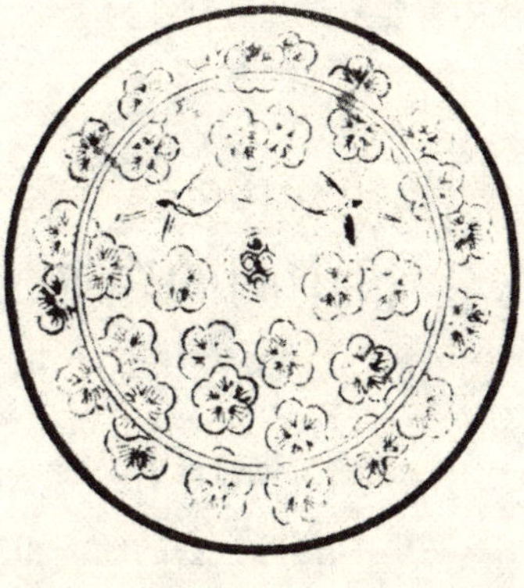

如前所述，行使武力不仅无法带来和平，反而会使广大民众陷入悲惨的境地。反倒是一些采取踏实稳妥、耗费时间的方法，通过国际合作、国际交流和相互理解来构筑广义和平更具有实效性。为此，必须克服掉对不同的文化和民族产生歧视和偏见的文化摩擦。此外，还必须通过经济的独立和发展，实现脱贫。从这一观点来看，日本能为国际社会做出贡献的领域是战后日本的社会经济发展经验和产业技术、环境技术的传播与普及。特别是在全球化日益发展的当今世界，日本企业的海外投资对于当地的经济发展和创造就业机会具有重大的作用。在最后的这一章节里，将论及作为日本擅长领域的经济文化交流的重要意义和可行性。

一、日中间的企业文化摩擦

1. 企业文化的日中比较

中国同国际社会的经济和文化交流日益繁荣。进入21世纪后，中国的经济迅速增长。2010年的GDP终于超过日本，跃居世界第二。中国的出口依存度（出口/GDP）为42%，大大超过以贸易立国为国策的日本的16%（2007年）这一数值。中国还拥有超过两万亿美元的世界最大的外汇储备。中国约七成的外汇储备是以美元资产来运作的，美国国债的保有余额为世界首位。次贷危机以后美国国债的可信度急剧降低。在今后美国财政赤字继续扩大的预期下，保有巨额美国国债的中国和日本都面临着巨大的风险。面向亚洲经济的区域统合，日中携手的重要性越来越强。

从日本来看，中国也是超越美国的最大贸易伙伴国，而且用于环境技术生产资料的锑、稀土、钨等稀有金属供应量的90%以上也都依赖中国。在日本大学里开设的第二外语课程中，选择学习汉语的学生人数最多。汉语学习热不光在亚洲，还扩展到美国和欧洲。

然而近年的日中关系，不光在政治上，经济上的各种摩擦日益显著也是事实。除了围绕教科书的审定和参拜靖国神社的历史认识问题、涉及钓鱼岛和春晓油气田开发的领土领海问题等一直以来悬而未决的问题以外，最近贸易摩擦和食品安全问题也浮出水面。现在，无论是日本的大型企业，还是中小企业都争相在中国进行投资，日中间的企业文化摩擦也成了一个重大问题。与贸易不同，日本企业进入中国投资在为当地人提供就业机会、推动和繁荣相关产业发展等方面对区域社会的贡献非常大。但同时，企业在中国国内的投资行为中由于伴随有日本企业和中国员工之间直接的接触和利益冲突，日中间的文化摩擦自然也不免变得更加激烈起来。

截至2012年末，进入中国投资的日本企业数量达到23094家，但并不一定所有的企业都取得了成功。卷入各种纠纷、陷入困境的企业和已经撤资的企业也为数不少。

日本产品的仿制品和假冒名牌也是层出不穷。众所周知的例子是与HONDA相似的“HONGDA”、雅马哈发动机的假冒品牌“日本雅马哈（YAMAHA）”、冒充大阪的DAIKIN（中国叫大金）的“大金阪本”，等等。由于与SUZUKI（铃木）摩托使用的部件和模具都是一样的，所以极难辨别假货和正品。还有的企业由于品牌在中国被抢先注册，所以不能使用日本本公司的自有品牌，还处在恶战苦斗之中。上岛忠雄创立的UCC咖啡在中国叫作“上岛咖啡”，就是因为“UCC”这一品牌被中国人抢先注册。在重庆市万州奉节一带（当时的四川省万县）的轮船码头，笔者看到过类似三菱标志的“上菱”冰箱（后来才知道这是一家叫“上海上菱”的公司，2002年12月被科龙公司收购）。

还有的日本中小企业经营者因为不满中国地方政府的政策变更和重复征税，愤而退出中国。但撤出经营也并不容易。除了各种繁琐的手续外，还要被地方政府收取高额的撤资费。尽管有许多这样卷入麻烦与纠纷、遭遇挫折的企业，但仍然有很多日本大型企业和中小企业在同中国的贸易中取得了切实的成果。那么，日本企业成功和失败的分歧点又在哪里呢？

作为奠定成败的重要因素之一，经常列举的是在日方经营管理人员和中国员工之间存在着沟通桥梁似的人物。常言说人才是成功的关键。就这一点笔者再多言几句，有没有优秀的人才能够让日本的企业文化去适应当地的社会文化，有没有优秀的人才能够在日方派遣的经营管理人员和中方管理人员及员工之间构筑一个能共同拥有的企业文化才是关键所在。这里所说的企业文化是指公司员工共同拥有的一种价值观、思维模式和行为规范，这反映在员工日常的行动和企业经营上。为使日本企业优秀的企业文化渗透到中国员工当中，必须让他们理解企业文化的重要意义和巨大作用，同时日本企业自身也要不懈地努力去适应当地的社会文化。

作为日本企业文化的代表性理念，可列举出早川德次（夏普）的“诚意和创新”、松下幸之助的“家族式经营”、本田宗一郎的“现场主义”等例子。但在泡沫经济破灭后的所谓“失去的十年”期间，针对以前日本式经营的批判之声变得严厉起来。1995年，“日经连”[①]发表的

---

①即“日本经营者团体联盟”的简称，是日本的一个经营者的全国组织。由经营者团体联合会改组改称而来（1948年），以谋求关于劳动问题的经营者一方的团结，进行整体方针的提示和指导为主要目的。——译者注

《新时代的“日本式经营”》，以及1999年总理大臣的咨询机构——经济战略会议所答复的《日本经济重生的战略》都提出修改以终生雇佣制为基础的日本式经营，进一步加强竞争原则的要求。这一期间，美国式的“成果主义”成为一种潮流，被众多日本企业所引进。从法国雷诺引进到日产的戈恩式的“伴随阵痛的改革”[①]发挥了巨大的效力，并大量裁员。通过减少正式员工，增加合同工和劳务派遣的方式来极力削减人工费用的企业也多了起来。

针对以前的日本式经营，还有些批判认为“因为是论资排辈型的薪资制度，所以干与不干都一样”，“不过是依赖人情和品德的精神论”等。确实也不是没有这样的因素。如果只是沿袭以前，在针对没有充分发挥自身智慧的管理人员和经营方式的批判（日本软脑集团的宋文洲[②]）上，也有部分观点确实是说对了，而且还存在着甚至否定个人人格来要求员工对公司尽忠，员工甚至被揶揄为“社畜”（佐高信）之类的情况。但日本企业文化的精髓并不在此。

近年来，日本式经营的优点不断地被重新认识。日本企业文化的优越之处就在于基于公司员工之间相互信赖的基础上，热爱企业并为此引以为豪，为企业整体的发展而积极地互相协同工作。“企业是

①法国人卡洛斯·戈恩（Carlos Ghosn）就任日产COO后无视日本的商业传统，对日产首次采用了“外科手术”式的大胆手法，减少一半零部件供应商，由1300家减少到600家左右；三年内使采购成本下降了20%；削减20%的销售成本和管理成本；公司在三年内裁员2.1万人，关闭五家工厂；卖掉所有与汽车生产无关的非汽车产业（其中包括房地产股票和令日产公司引以为豪的航天部门）。采用戈恩方式的经营改革虽使日产的业绩得以恢复，收益也增加，但同时也有学者指出大量裁员、最先保证股东利益的经营手法并不符合日本习俗。此外，在日产内部也有人批判由于成果主义的引进导致了员工间相互扶助和信赖关系的丧失。并且，戈恩在解雇众多员工的同时，自己的年收入则达到8亿日元。戈恩式的经营与传统的日本经营者的经营哲学有着不相容之处，遭到了经营学家们的不少批判。——译者注

②宋文洲（1963～ ），中国山东人。1985年作为公费留学生赴日留学，1991年在日本北海道大学工学系取得博士学位。1992年6月在日本成立软脑软件公司，又于1997年和1999年在北京和美国创办软脑软件有限公司，由此发展成为一家跨国企业集团。软脑公司于2000年成功在东京证券交易所三部上市，成为中国留学生在日本创建的第一家上市企业。后分别于2004年和2005年在东京证券交易所二部、一部上市，从而成为大型上市公司。——译者注

为顾客、为社会而存在”的这一共同认识支撑着员工努力工作的工作动机。为此，必须通过企业内部培训，让员工共同拥有企业的理念和行为规范。松下幸之助曾训示员工说如果被问到“松下制造什么产品？”这一问题时，应该回答“松下首先是树人，其次才制造电器产品。”松下公司在企业内部的“工学院”培训那些初中毕业的员工，让他们掌握相关技术，还在“商学院”培训有业务往来的经销商，把他们培养成为能够独当一面的店主。每位员工都被灌输要具有和中小企业经营者相同的意识，即所谓“社员稼业”[①]的精神。让包括技术人员在内的公司员工掌握原材料费用和人工费用等成本管理的相关知识。为了培养人才，企业雇佣员工必须是长期性的。早川、松下、本田三人都以“不解雇员工才是经营者的正道”为已任。

反过来再看改革开放以后中国的企业经营情况的变化，这里成果主义横行，企业都把裁员视为理所当然。这也是相对于国有企业中雇佣关系稳定，干与不干工资全都一个样的改革开放以前计划经济时期原有体制的一种反向发展。中国顶级综合家电企业——海尔的总裁张瑞敏让业绩差的员工站在员工食堂前面的讲台上，强迫他们进行自我批评。每周更换员工人数10%的这一裁员方式也是相当剧烈的。据说张瑞敏学习了松下幸之助的经营哲学。确实在重视产品质量和顾客服务这点上两者有着共同之处，但两人的实现方式却大相径庭。

中国的通信器械、设备生产商——华为的国际知名度也很高。在领袖型经营者任正非的领导下采取了军事化的管理。创业初期，每个公司员工在办公桌下铺上睡垫午休，或则晚上就睡在公司里（“睡垫

①由松下幸之助提出的一个理念。简要说就是要员工具有独立自主精神，把公司里的工作当作自己的职业、自家的一项事业来考虑，要负责地完成。对待自己的职务，要有“自己就是总经理”的思想意识，自主创新。把上司、同事和周围的人当作自己的客户，虚心听取意见。在工作中乐在其中，不断提高，使自己得到成长，并取得业绩。——译者注

文化”）。在深圳体育馆召开6000名员工大会时，四小时内一直安安静静，连手机的声音都没有，会议结束后会场里没留下一点儿垃圾。据员工说任正非很有人情味，非常擅长人情世故，很会笼络人心。但另一方面，任正非为了戒除干部安于现状而陷入“大企业病”的弊端，不惜对干部也实施裁员。

把日本和中国的企业文化的特征进行对比，可以用图5-1表示。实际情况并非如此的界限分明，各自或多或少地都吸取了其他企业文化的特性。希望大家只把它当作一个表示大致特征的图示来看待。

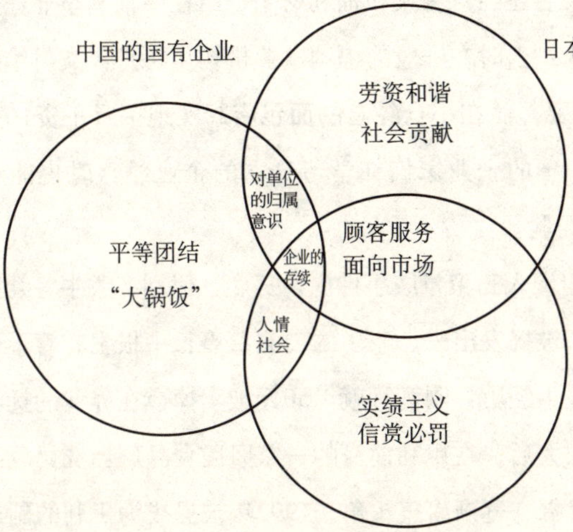

图5-1 日中企业文化比较的概念图

资料来源：笔者根据姜春洁《企业文化的日中比较——松下电器和海尔集团》（《国际文化学》第8期，2003年3月）中的内容做了部分修改。

在中国最早开始快递到户物流业务“宅急送”的人是具有日本留学经历的陈平。陈平在学习日本黑猫大和公司和佐川急便公司的经营过程中，在实现快速和可靠服务的同时，建立起自己独具特色的劳务管理体系。实行点名、列队、早会、背诵企业方针、齐唱企业歌曲、升国旗的军事化管理，积极雇用农民工，让全体员工住在员工宿舍里。陈平在劳务管理上执行严格的纪律和成果主义。在中国目前的社会状况下，这种方式也有易于被员工接受的一面。如果员工培训长期持续下去，劳动纪律渗透到员工当中，成熟的企业文化能被共同拥有的话，即使是在中国也会产生巨大的变化，但可以说现在还未到那一阶段。快递物流业的始祖是日本黑猫大和公司的小仓昌夫。小仓的经营理念是彻底贯彻“安全第一，利益第二”的方针，积极雇用女性和残障人士等，充分运用智慧来兼顾追求利润和充实福利这两大目标。小仓卸任会长后还经营着大和福利财团，给社会福利事业注入了一股企业家的精神。当时在一般的福利事业机构里每月仅支付给残障员工1万日元的工资，而在小仓经营的面包店却实现了月工资10万日元。笔者很希望中国的企业家们在学习日本的企业经营时也能够汲取这方面的优秀经验。

在奶粉里混入三聚氰胺事件中，三鹿、伊利、蒙牛等几家中国知名乳品企业都被揭发出来。蒙牛的创业董事长牛根生有着不同常人的曲折起伏的人生经历：刚满月就以50元被卖掉，在养父的抚养照顾下放牧成长。长大后，在伊利前身的一家回民食品厂当洗奶瓶工时被董事长郑俊怀发掘，逐渐崭露头角。1992年被提拔为伊利的副总裁。某天，董事长郑俊怀给牛根生发奖金，让他买辆进口高级轿车。但牛根生没给自己买车，而是用这笔钱买了好几辆小车分给了部下。管中窥豹，可见一斑，牛根生因为总是这样，所以外界对他的评价很高，甚至从伊利外部传来“知道伊利有牛根生，但不知有郑俊怀”的传言。然而，也许是因为牛根生能力太强，过于瞩目，从而招致郑俊怀的不满，1998年他被逐出伊利。翌年，牛根生和几个部下一起创立了蒙牛。成立初期连一家工厂都没有，他们便在全国范围内变相联合多家乳品生产企业，通过生产工序和产品的标准化，成功打出“蒙牛”这一品牌。两年后，蒙牛跃升为乳制品行业排名第四的大型企业，2004年也实现了在香港上市。

指引牛根生成长和事业成功的这种苦难经历与夏普公司创始人早川德次的生平有些类似。德次也是幼年时被人领养，在养母的虐待下长大。当他开始懂事时就被送到一个制作簪子等饰品的工匠家里做学徒，幸亏受到好心肠的师傅的关照，18岁出师后自立门户，公司的经营也较顺利。直到现在都被我们当作宝贝使用的自动铅笔和皮带扣就是当时德次的发明。然而在1923年的关东大地震中，德次失去了妻子和两个孩子。最后又被大阪的客户欺骗，背负了巨额债务。为偿还借款，德次进入这家客户的工厂进行生产承包。夏普（公司总部）虽然位于关西，但不愿被人看作是关西的企业的原因也在于此。德次虽然自己厄运连连，但仍然不断追求社会贡献和诚实经营，在战后经济萧条情形下他为不得不解雇员工而苦恼不已。既是基督教传道士，又是社会活动家的贺川丰彦是CO-OP神户[①]的创立人。德次同贺川有着深交，他还担任大阪府残障人士协议会会长等职，为慈善事业也尽心尽力，而且积极雇用残障人士，还创立了仅由残障人来经营和开工的工厂。

蒙牛董事长牛根生也把“小胜凭智，大胜靠德”、“认真成事，诚信做人”、“党和政府给予我们发展的机会，我们必须为党和人民做贡献”、“产品质量的好坏即是人格品行的优劣”等作为座右铭而经常提起。如果仅从字面来看，这些同夏普的早川德次所提出的“诚意和创新”有着相通之处。但在实际的经营方式上两人则大相径庭。

---

①CO-OP神户（消费者合作社）诞生于1921年，最初由“滩生协”与“神户生协”这两个同样在日本神户地区发迹的消费合作社于1962年合并而成。现已发展成为会员人数过百万的消费合作社。——译者注

就算在奶粉中添加三聚氰胺也要获取利润的牛根生虽然和早川德次有着同样的人生境遇，但可以说他太过于看重眼前的利益。

食品安全问题曝光后，中国政府也强化了相关的规章制度和检查体制。但在2009年又发生了向猪饲料里添加违禁药品盐酸克仑特罗等“瘦肉精”导致的食物中毒事件。无论政府怎样用规章和制度来规范，只要有把钻政府监管的空子来挣钱视为理所当然的企业，违法和取缔之间这种“猫捉老鼠”的游戏就会不断上演。在实现社会稳定的基础上，不是把包含企业社会责任在内的企业文化当作幌子，而是真正地把它当作一种具有实效性的文化来确立才具有重大的意义。特别是如果能向占中国就业人数3/4的中小企业传播日本企业文化的精髓，就有可能给中国社会带来巨大的变革。

2. 日资企业的本土适应

在日本经济学家清川雪彦最近的研究中有一本比较和分析日本、中国和印度现代缫丝技术扎根过程的大作。根据他的研究，在技术引进上获得成功的条件有三条，分别是：（1）教育水平（包含技能教育、初等教育）；（2）企业家精神和对市场的适应；（3）社会的同质性和稳定性。市场经济和企业文化的现状同各自的社会状况紧密相关。改革开放后的中国实现了经济的高速增长，但同时也出现了市场经济制度欠缺完善、收入差距和地区差距扩大、环境污染加剧、贪污腐败滋生等问题。追求利润这一资本主义性质的原则在日本被企业的社会责任这层“糯米纸”给包裹着，而在中国则赤裸裸地展现了出来。在不知何时就可能会遭遇破产或裁员厄运这种不稳定的社会状况下，中国的企业和员工采取的都是一种短视的获得眼前利益的行为，而没有遵循市场经济的规范。

这种社会现实差异反映在市场经济和企业文化的现状上，日中之间仍悬殊巨大。向在中国投资的日企提供人才派遣服务的QUICK公司的企业负责人和纳勉认为撤出中国的日资企业失败的原因主要是在人事管理上存在巨大的问题。日本的中小企业派往中国的干部多是厂长等搞技术出身的人，他们在社会文化与日本截然不同的中国从事管理是有极高难度的。对投资中国的日企来说，不可缺少那种能够担任日中双方企业文化连接桥梁作用的人才。这种沟通桥梁似的人才所应具备的三个条件是：（1）同时具备汉语和日语的交流能力；（2）掌握日本企业的经营管理方法和企业文化；（3）通晓中国的社会文化和商业习惯。满足这些条件的人才，既可以是曾经留学日本的中国人，也可以是出身台湾、香港地区的人员，还可以是努力融入中国当地社会的日籍长驻人员。重要的是这个人有努力促进相互理解和本土适应的积极态度。

虽然笼统地称之为中国的社会文化和商业习惯，其实内容是多种多样的，而且各个时代和地区也不尽相同。在苏联和东欧的社会主义时期，波兰人J.费德罗维奇（Jacek Fedorowicz）和日本人工藤幸雄共同撰写的《共产圈内的快乐生活法》一书问市。当时的人们去国营商店买东西的时候，总会听到售货员说这个商品“没有”（俄语：Het，汉语：没有）。即便如此顾客也不能死心，必须追问这个商品何时到货，去哪里才能买到。但听到的多半是“不知道”这样不咸不淡的回答，就算这样也还是不能生气，要继续用很抱歉打扰了别人工作的一种歉意说“那我下次再来”后，老老实实地回去。这样多去几次之后，顾客就会和售货员打个面熟。如此一来正中下怀，再通过和售货员的私人关系就能买到自己需要的商品了。

即使是在实行了市场经济后的社会主义国家里，官僚主义和商家那种居高临下的销售方式和服务态度依然存在。笔者在上世纪80年代中期长驻北京时常去国营的新华书店买书，但无论过了多久始终还是无法习惯售货员把给顾客的零钱扔在柜台上的找钱方式。现在的中国经过改革开放，虽说市场服务有了显著改善，但官僚主义和售货员的冷漠态度依然存在。

撰写了《浪速（大阪）商人中国奋斗记》的西田健一从文化大革命时期到改革开放，持续40年一直从事着中国商贸工作。1963年从大阪外国语大学毕业进入丸红商社后，凭借其熟练的中文和光明磊落的性格度过充满“血、酒和眼泪”的商社销售员的人生。西田指出要想在中国的合资事业中取得成功的最大关键就是优秀的人才。这个人无论是日本人还是中国人都可以，但必须是日方事先向合资企业派出合适的人选。

在中国取得事业成功、身经百战的西田也有被欺骗的经历。上世纪90年代中期，西田在中国的某一地方城市经营肉鸡项目，因过于信赖合资伙伴的一个中国人，于是就把该项目的经营委任于他。然而，这个中国人竟然冒充合资公司的名义从银行贷款，并将贷款资金挪用到中方集团公司的其他项目上。日本的中小企业经营者当中，不少人都是在大致达成意向后就开始实施项目计划，但合同最好还是制定得越详细越好。这是西田指出的在中国取得商贸业务成功的第二个关键。

第三个成功关键则与政治与经济紧密结合型的中国市场经济体系有关。在政治较多参与到经济中的中国，中央和地方政府要人的人脉是不可缺少的。这并非意味着要他们给予特别关照或“走后门”，反而是为了拒绝官员和警察提出的某些无理要求，顺利办理合法手续所需要的。但像西田遇到的西安市的一位副市长（女）一样，在符合中央法规和政策的框架内又很通情达理的优秀地方干部也为数不少。

“自认”为既是一个善良的日本人、同时又是一个贪婪的资本家的小岛正宪是岐阜县一家叫小岛衣料的公司的社长。与其他大多数公司一样，随着日本国内经营环境的恶化，从1991年起这家公司开始进入中国，经营服装缝制加工工厂近20年。正由于是中小企业，所以承担着海外投资一旦失败就很可能导致公司立刻破产的巨大风险。小岛从其在上海、武汉、珲春等中国各地设厂过程中获得的实际体验本身就富有克服文化摩擦的智慧。由于日方员工和技术人员一直安于“温室”般的环境里，当被派往社会文化和经营土壤与之截然不同的中国时，不少人的身心都会产生排斥反应。不是遇到一点儿困难就立刻逃回日本，就是拿不出具体对策而陷入精神不安的状态中，要么就是食物不合胃口而生病……据说小岛对这样的日本男儿的窝囊相感到无语。坦率地说，实际上笔者也是个不中用的家伙。去中国赴任的初期，深受胃痛折磨，用油做的菜完全吃不下，结果暴瘦。而无油的烤红薯、豆沙包和水饺则对当时的笔者来说是无与伦比的美味佳肴。如今回想起来笔者并不是无法适应中国的社会文化，而是始终无法习惯那种感觉受拘束的政府机关的工作。

小岛认为要想在海外取得成功需具备两个条件：一是决断的勇气和果敢的行动力。另一个则是事先准备好应对各种风险和所有能预想得到的危机管理对策。在小岛的经营方式中，笔者认为重要的是正确面对中国员工和中国社会的一种态度。小岛说作为日本人用不着卑躬屈膝，但对中国人也不能盛气凌人，有伤中国人自尊的言行应该绝对慎之又慎。他认为必须应该特别遵守的是，在小岛衣料的中国员工因反日运动等原因遭到袭击时，日方员工应该豁出性命地去救助他们。由此可知中国员工之所以信任小岛的原因了。

天津的伊势丹百货店在2006年9月搬迁并扩大了店面，成为营业面积达3万平方米的中国最高档的百货店。上世纪90年代初期，笔者曾采访过刚开业不久的天津伊势丹。当时是一家在现代化的大厦里摆放着高端品牌商品的店面。笔者不免担心这会不会同当时中国人的收入水平不相符，于是就此问题咨询了日方长驻人员。他的回答很明确，说天津人口为800万，如果以其中1%的富裕阶层8万人为目标客户，就相当于日本一个地方城市的规模。笔者当时听后虽然觉得有些道理，但一丝不安仍挥之不去。在香港获得成功，但进入上海后就倒闭了的八佰伴的先例还记忆犹新，那么天津伊势丹又是怎样在中国市场生存下来的呢？

天津伊势丹取得如此发展的原因之一在于2001年至2007年间，担任该社社长的稻叶利彦的巨大功劳。

对于擅长英语但不会汉语的稻叶来说，被派往中国工作是想都没想到的事。去中国赴任不如拿艰苦地区的补贴受人欢迎，稻叶不光受到公司同事们的同情，还被妻子怀疑是被降职，最后不得不独自赴任。在中国有着中国自己独特的社会习惯和文化规范，这与被日本人视为国际商贸习惯的准则并不一致。稻叶在自己的著作中将其称之为“TIC问题”（This is China，这是中国）。这些TIC问题对初次派驻中国的大部分日本人来说是其烦恼的根源。稻叶也一样。但他后来采取的应对措施则体现出稻叶自己的风格。针对TIC问题，他决定钻入这些漩涡当中，不发脾气，不发牢骚，反倒像个旁观者一样乐在其中，进而在研究如何改变这种状况的策略中找到解决问题的方向。

在实际工作中，稻叶想出很多计策来克服各种困难。为了让中方的销售员认识到微笑的重要性，在早会上他让笑容僵硬的人出来当模特让全员爆笑，还开展微笑竞赛。在每月例行的公司内部聚会上亲自表演“松健桑巴舞”[①]，意欲使公司员工之间亲密和睦。稻叶所说的中国商贸秘诀中充满了克服文化摩擦的智慧和创意。下面就介绍其中的几个例子。

（1）不做有损对方面子的事。即使是无理投诉的客户也要保其颜面。

（2）对于“不承认自己过错”的员工，要分清其理由是为了面子，还是怕影响考核，或是出于转嫁责任的原因，然后再灵活通融地对待。

（3）不要只寄望员工自己关注和发现，明确5W1H（何时、何地、谁、何事、为何、如何），具体地发出指示。

在日本，伊势丹和三越合并后成为三越伊势丹百货店。该公司的中国业务现在也是生机勃勃，计划到2014年前再开五家商场，成为拥有10家大型店铺的百货公司。零售业中，永旺（AEON）、7&I控股公司（Seven & I Holdings Co.，Ltd）、全家（Family Mart）等公司也是发展势头良好，在中国的店铺数量进一步增加，日本式的服务和商业企业文化也随之传播到中国各地。

依田诚现在是GS YUASA（汤浅电池）集团总公司的社长。15年前被派往中国山东省的一家生产工业用电池的合资工厂任总经理（社长）。在决定派遣依田之前，已有其他三位候选人全都拒绝了去中国赴任。投产初期，依田巡视工厂时看到生产线上一个工人也没有，找到那些说是没活干所以就聚在休息室里喝茶、谈笑风生的中国

---

①由演员松平健首演后流行起来的舞蹈。英俊小生松平健梳着日本传统的发髻，身穿和服，和着舞曲，跳着幽默滑稽的桑巴舞。——作者注

员工后，还曾大发脾气乱骂一通。要是在日本的工厂，这种情况下员工都是自己主动找活干，做清洁或是保养设备。在这种情况下，依田还自掏腰包每周举办烧烤大会等活动，极力同中国员工建立良好关系。后来公司走上了正轨，如今公司的员工人数也从当初的100人增加到250人（《日本经济新闻》2009年6月1日）。

时任大连市对外经济贸易局副局长的于涛（女）也是大连市驻东京办事处的所长，每个月要在东京和大连各呆半个月。笔者在大连曾经当面采访过她，于涛认为日本企业还并不理解中国员工的心理。例如，中国企业会在春节前一日的除夕下午就开始放假，给员工与家人和亲戚阖家团圆的机会，或者在中秋节（农历8月15日）发放月饼让员工带回家等等，这些都已成为一种习惯。而日本企业还欠缺这样的人文关怀。有没有拿月饼回家不光是公司对员工的一种关怀和福利，还是一个事关员工面对家人和亲戚时有无面子的问题。

从以上介绍的几个事例中，我们能在克服日中文化摩擦问题上获取重要的经验教训。这就是即使对对方的言行感到气愤，发泄不满也是无济于事的。为了同思维方式和行为模式都与自己的准则大相径庭的不同文化圈的人们交往，只能在深刻理解了这一点的基础上去适应。还有一个问题就是必须绞尽脑汁地想办法让对方理解我方无论如何都不能退让的底线。这就是本章开头谈到的相互理解的促进，也是和平共生的礼法。

在笔者研究室的留学生中，有个来自中国西安的青年。他硕士毕业后在大阪的一家从事机械零部件相关业务的商社里做销售。他的硕士论文题目是《中小企业援助体系的日中比较》，找工作也是按照他自己的愿望寻找中小企业。他如愿以偿地在日本的中小企业里就职，每月都要去中国出差，走访各地的工厂，做着零部件采购的工作。进入公司虽然仅仅三年，但被公司评价为很有工作能力，2009年春天起被提拔为中国深圳一家子公司的副总经理（副社长）。他通过这段时间的工作实践学到的日中商贸秘诀是“优秀中国企业的鉴别法”。据说如果不是这类优秀企业的产品就无法在日本市场上通行。

他认为优秀企业鉴别法的第一点是工厂是否很好地做到了整理、整顿。存在着地面肮脏、原材料和产品堆积得都无法走路、工作服不齐备等情况的工厂是不合格的。在一家因给中国的宇宙火箭提供零部件而知名的上海某工厂里，看到员工在精密机器前看报纸的情形后，他放弃了同这家工厂的业务往来。与此相反，在宁波的某家工厂里，整理整顿就做得很好，这之后也一直保持着业务往来。这里的管理科长是由从日本NKK昆山工厂挖过来的中国人来担任。日本工厂管理的基础就是在“整理、整顿、清扫、清洁、个人素养（日文：躾）”这“5S”①上。

优秀企业鉴别法的第二点，据他认为是在会议室进行业务磋商时，那些首先端出水果和茶水的公司不会是优秀企业。优秀企业最先拿出的则是公司简介、产品目录、质检单、OEM（贴牌加工）用的“QC工程表”（质保工序表）等资料，而且这些资料内容不光是逐字逐句地从中文翻译成日语，还必须符合日方要求的项目和标准。

优秀企业鉴别法的第三点，重要的是该企业负责经营的领导具备技术方面的知识、经营统率能力和迅速的决断力。特别是在中国的中小企业里可以说是至关重要的条件。某个原先是松下深圳工厂技术员的中国人自立门户开办公司并把总部设在了深圳，把工厂放在了东莞。接下的生产订单多得在自己生产电子零部件的同时，还要向其他十几家公司委托加工零部件。这位董事长在下订单时，要求业务往来

①因这几个词的日语罗马字发音开头全是“S”，所以简称为“5S”。——译者注

企业向其提供生产日程表，让他们按照这个生产日程来向自己的公司提供产品。

这第三点与凭借在中国生产服装而急速发展起来的优衣库（迅销股份有限公司）社长柳井正的看法有着相通之处。柳井在同中国的企业进行商贸往来时，是以以下两条标准来选择合作企业的：（1）经营者诚实守信，（2）具有生产优质产品的热情。

下面介绍一些日本人在面对日中企业文化摩擦时，运用各种智慧和创意来克服的事例。

进入中国投资的日本企业的烦恼之一是中国员工爱把茶杯带入生产现场，在工作时间内喝茶，或在上班时间内冲澡。这样不仅会造成作业流程停滞，用湿手触碰还会导致产品质量问题。既有一些没有办法只好容忍这些习惯存在的日本企业，也有像下面两家公司一样，运用智慧，找到劳资双方都能接受的解决方法的企业。

在上海浦东投资的德岛爱丽丝（IRIS）公司在作业区的入口处专门设置了置物架，让员工不要把茶杯带入作业区。在青岛投资的大阪的扶桑化学公司则修建了大浴室。这样在上班时间内淋浴的现象就没有了。

1998年，由法国投资的广州标志因法方在中国的投资项目失败而撤资。同年，本田进入广州。本田进入中国虽然起步较晚，但该公司生产的雅阁等系列车型广受欢迎，事业发展顺利。广州本田正式投产的前一天，总经理（社长）门胁轰二召集全体1700名员工，对他们做了如下一番宣言：

> 我想请大家花上一整天的时间把工厂打扫得铮亮铮亮的。首先就由我来负责食堂和卫生间的清洁工作。

通过这一行动，门胁身先士卒地向大家传达了整理整顿工厂，彻底贯彻品质管理理念的重要性。

大金工业在中国开设了30家子公司，雇用了1万多名员工，其规模几乎同日本国内的员工人数相当。把大金提升为中国空调市场头号外资企业地位的是其第一任董事长高桥基人。在中国国内市场销售时，代理店的作用相当重要。高桥指示销售人员在访问自家公司产品代理店时，要遵循以下两个原则：

一是去代理店时要查看那里的仓库，并检查整理有关情况。这样就能了解代理店经营管理水平的高低。另一个是要给女职员送点小礼物，向她们咨询这家代理店还有没有大金以外其他厂家的业务。从代理店是仅经销大金的产品，还是同时也经销其他公司产品的情况中可以判断出他们对与大金进行业务合作的重视程度。

在大金的中国投资项目获得成功的背后，还有在日中间进行沟通斡旋的留学人才的功劳。大金上海公司的副总经理陈英伟留学于大阪大学研究生院，1989年进入大金工作，从当地法人的立项阶段起就一直从事着对华商贸方面的工作。她至今仍活跃在工作的第一线，并设置了顾客同大金的技术人员促膝商谈空调设计系统的独特展示间等。

让中国员工热爱日资企业，让他们在日资企业里牢牢地扎下根也是日本企业文化本土适应的内容之一。增田英树从欧姆龙的中国投资项目立项起就开始参与其中。一天，增田看到年轻女工们下班后无所事事，只是思念遥远的故乡，含泪唱歌的情景后，就同总公司交涉让其提供部分资金，在企业内部组建了一个合唱团。工余时间员工们由于有了乐趣，自然对工作就更加上心。某位女工的父亲起初极力反对女儿在日本企业里工作。但据说后来他给增田写了封感谢信，说女儿入职后工作得很快乐。

三德利公司以上海为中心的啤酒销量之所以节节攀升靠的就是符合中国人口味的产品开发和优质的服务。在日本，三德利乌龙茶的广告歌曲甚至都被制作成CD，广受欢迎。阿敏（巫慧敏）自己翻唱成中文的《毕业写真》、《白色是恋人的颜色》等歌曲已是能让日中两国年轻人产生共鸣的歌曲。这也是企业所肩负的经济文化交流的另一种形式。

《中国青年报》于2008年12月23日刊登了一则署名为王锦思的评论员文章。该文以《没有日本，改革开放将会出现不同》为题，论述了日本在中国改革开放进程中作出的重要贡献。1979年1月邓小平访日时，在参观完新日铁千叶君津工厂的最新设备后决定将其引进中国，还邀请松下幸之助来中国办企业。前者最终创立了上海宝山钢铁公司这一中国顶级企业。后者的松下公司（现在的Panasonic）如今在中国各地设立了多家工厂，日本总公司还开始在中国直接招聘和任用员工。2009年松下公司发表“中国环境贡献企业宣言”，在中国把以下几项列为企业发展目标：（1）削减20%的CO_2排放量，（2）废物利用率达90%以上，（3）削减10%的重点减排物质（368种）的排放转移量，（4）削减30%的用水量。（以上是与2005年数据的比值相比）

日本对华的技术合作和日元贷款也对中国的经济发展作出了重大贡献。从中国经济步入国际化、市场化轨道这点来看，可以说日本的对华经济合作取得了成功。但如果看到环境污染的加剧、地区差距和收入差距的扩大、市场经济制度的欠缺完善等这些中国的现状，应该说日本对中国的帮助还远远不够。在环境技术和企业文化等方面，能够发挥日本优势的领域还有很多。

现在中国还有些人提倡“执剑行商才是大国兴盛的胜利之路”之类富国强兵的路线。但如果把巨额财政用在军费上，既不能缩小地区差距和收入差距，也无法应对环境污染和自然灾害。中国应该走的道路不应是军备扩张和唯生产力主义，而应该是重视并充实环境、福利、教育等社会性共同资本的一种构筑广义和平的道路。日本在构筑广义和平时，也应该展示出日本自身的发展设想，并亲身加以实践，在对华合作上努力贯彻这一方针。

二、通过给中国青年授课而学到的

笔者自1990年起每年都会担任日本国际协力中心（JICE）实施的“青年邀请项目中国青年研修计划”的讲师。邀请发展中国家青年来日本进行研修和交流的项目是外务省主管下的日本国际协力机构（JICA）展开国际技术合作中的一环。既然是利用日本政府提供的资金来运营该项目，当然就有日方自己想要向发展中国家青年传达的明确的信息，所以授课的内容就不能仅是发展中国家青年感兴趣的领域和轻松愉快的话题。从这一观点出发，笔者把对中国青年进行讲座的中心主题集中在以下两点上：

第一，战后日本经济发展的经验中有着正、负两方面的教训。在日本经济高速增长的背后，存在着以“四大公害诉讼”①为代表的环境污染和交通事故激增等严峻问题。因为在这些青年当中将来会有许多人成为政府部门的领导干部，所以笔者希望他们在学习日本成功经验的同时，也要吸取失败的教训，不要再重蹈日本的覆辙。

①上世纪60年代日本经济高速发展时期，由于工业生产的污染导致严重的环境危害，引起诸多群体性公害事件，从而引发了轰动一时的日本四大公害诉讼：1967年6月提诉的新潟县水俣病诉讼、1967年9月提诉的四日市公害诉讼、1968年3月提诉的富山县“疼疼病”诉讼、1969年6月提诉的熊本县水俣病诉讼。这四起诉讼的被告都是资金雄厚、财大气粗的大企业，但最终均以原告方（受害者）胜诉。日本司法通过这四大公害事件的诉讼，成功解决了关乎社会稳定的环境难题。——译者注

第二，即使是同为发展中国家，但各国所面临的问题也各不相同，授课讲师所讲授的内容也必须符合各国所需。

中国在上世纪80年代的主要课题是计划经济向市场经济的转型和确保经济高速增长。因此，战后日本的经济民主化和高速增长政策具有一定的参考价值。而进入90年代后期，抑制地区差距扩大和治理环境污染，以及如何实现社会团结与稳定反倒成为更为迫切的课题。为此，笔者把讲义的重点转到着重讲述与美式资本主义截然不同的重视社会团结与稳定的日式体制的优点和特长、铁路文化和城市公共交通体系的完善、环境商机等课题上。

作为保护环境和振兴区域经济并举的一些新尝试，笔者向这些研修学员介绍了曾两度被邀请到达沃斯论坛的由古野隆雄所创造的“合鸭农法”①，高知县流传的“四万十川源流的粪尿处理法”②，熊本县普及的矿物土壤的“中岛农法”③，德岛县上胜町的34种垃圾分类法和“树叶商机”④，滋贺县的爱东町、新旭町、安土町的“从油菜提取轻油替代燃料”等实例。有时在听课的青年团体中会有来自报社的记者和电视台的人参加，笔者还曾在讲座结束后在大厅里接受他们的即席采访。

日中间经济和文化的交流虽然有了长足发展，但两国间依然存在着许多问题。青年邀请项目就是想通过日中两国青年的交流来加深两国的互相理解，希望他们将来能够成为日中间沟通的桥梁。因此讲座

①在水田里放养合鸭，让它吃杂草的农法。不光杂草，害虫也被吃掉，鸭粪又成为土壤肥料，而且成鸭也能作为食用肉被卖掉。——译者注

②利用芽孢杆菌的作用，将粪尿分解成土和肥的方法。——译者注

③由理学博士中岛常充提倡的一种农作物栽培法。依据土壤诊断的结果，对土壤施以欠缺的肥料，减少过剩养分，提高植物本身的抗病、抗虫能力。使用这种栽培方法能生产出高糖分、富含矿物质的蔬菜。中岛农法的出发点是抑制植物吸收比农药还要危险的硝态氮（nitrate nitrogen）。——译者注

④上胜町创造商机，依靠销售日本料理中需要使用的树叶（桃、樱、枫、柿等）赢得了巨大利润，其市场份额已占日本全国的70%，年贸易额达到2.5亿日元。——译者注

的最后笔者总以希望大家缅怀为日中邦交正常化尽心尽力的两国前辈们作为结束语："饮水不忘掘井人。"

一天，讲座结束之后，一位看似富有才情的女性等候在教室门外，说是对笔者当天的授课内容深受感动，希望能同笔者握手。一看对方递过来的名片，才知原来她是中华全国青年联合会的干部，共青团是其核心组织，在中国是唯一公认的青年团体。这时笔者对她深刻理解并接受自己言不尽意的授课内容的样子感到很吃惊，而且非常感谢。事后在《交流报告》中看到刊登有她写的旅居日记后再次感到吃惊。因为她在日本的寄宿家庭正是为了实现日中邦交正常化甚至不惜辞去全日空社长一职的冈崎嘉平太的弟弟、薰太郎的家。同77岁的薰太郎老人的交流好像给她留下了深刻的印象，那就是日本人对和平友好的坚定信念和埋头工作的勤奋精神。

这些青年的接受能力之强超乎我们的想象。和发展中国家的青年共同拥有只有环境、福利、教育的充实才能带来社会团结与稳定的这一认识对于发展中国家的发展和缩小南北差距大有益处。此外，培养大量了解日本、具有和日本人交流经验的留学生和进修生，对日本来说就是在培养将来的人脉，这将成为一种巨大的财富。这比起那些恶意地胡乱煽动排外主义风潮，引发对立的行为，难道不更具有建设性吗？

在中国出生的远藤誉由于父亲曾在中国做技术员，因而在战争结束后被扣留在中国，当她回到日本时已是1953年。此后从1989年起在千叶大学和筑波大学担任留学生专门教育的教官，长年从事着支援留学生的工作。20世纪90年代中期，她担任了法务大臣的私人咨询机构"出入国管理政策恳谈会"的委员。当时有一项针对留学生来日时必须要有日籍身份保证人的制度。许多留学生为此必须花钱来寻找保证人。这一金额也从最初的5万日元左右上涨到50万日元，甚至连中介掮客也在为此暗中活动。远藤在恳谈会上直言不讳地说："各位是否知道这一制度在海外的评价有多么的恶劣吗？"1996年这一制度终于被废除了。然而尽管出入国管理局方面将此项规定撤销，但大学方面仍然保留要求留学生提供身份保证人的制度。远藤为此举办专题研讨会，会上得到了文部科学省官员对此项规定作出的"我们不记得要求有（该项制度）"的否定答复。现在，日本几乎所有的大学都已不需要提供身份保证人（《日本经济新闻》2009年6月1～3日夕刊）。在日本的大学里有种很强的氛围，这就是即使作为监管机构的文部科学省所作出的决定是多么的不符合现实情况，也要必须遵循。就算是对文部科学省，也要将不合理的制度一个个地进行解析与说服。远藤的这种态度很值得我们学习。

日本画家、前东京艺术大学校长平山郁夫于2009年逝世，他生前曾长期致力于文物保护的国际援助活动。十年间先后12次访问朝鲜，为把高句丽古墓群列为联合国世界文化遗产名录而竭尽全力。2004年，他的努力终于得以实现。与此同时，由于成为世界遗产的条件中有"解除武装"这一条，所以在朝鲜设立了非武装地带。平山认为文物保护仅有实物鉴定和保护的对策还远远不够，文物保存技术的学习和掌握、当地人员的参与、工具等物资在当地的筹措也很重要。"文物保护的基石最终在于一起保护和培养人才"（《日本经济新闻》2008年12月10日夕刊）。

2008年7月，文部科学省、外务省、厚生劳动省、经济产业省、国土交通省共同提出了"30万留学生计划"，即在2020年以前将在日留学生人数从现在的12万人增加至2.5倍的一个划时代的方针。增强日本大学的国际竞争力的这一理念固然不错，但其具体措施仍是仅仅停留在千篇一律地要求各所大学全都设置“英语课程”这一极度缺乏构想的层面上，而且还与绝大多数留学生都来自亚洲各国和发展中国家的这一现实相去甚远。在人文社会科学领域里，至少也要引进亚洲各国语言的“多语言教学的日本社会文化课程”。

三、发展中国家青年提出的疑问

作为日本的政府开发援助项目（ODA）的一环，JICA接收了众多来自发展中国家的进修生和青年交流团体。他们当中既有来日进行业务研修的行政职员、技术人员、护士和助产士、教师、企业经营人员等工作在各行各业第一线的人，也有以了解日本社会文化和与日本人进行交流为目的的大学生和高中生之类的年轻人，其类别多种多样。他们一到日本首先要接受关于日本的历史和文化，或者政治、经济、社会的指导性讲座。

迄今为止，笔者还在JICA、JICE、太平洋人才交流中心（PREX）等机构举办的研修项目中，多次有机会向来自中国、越南、泰国、中东等国的研修生团体，以《战后日本社会经济发展的经验》为题作讲座。在这类讲座结束后，笔者经常对研修生们提出的完全超乎想象的疑问感到不知所措。这时，笔者深刻体会到的一点就是为了准确回答他们提出的疑问，必须透彻了解各国各地区的具体情况。

下面列举的就是这些从发展中国家来日研修的青年们所提出的

疑问，主要摘录自大野力编著的《日本人为何？同发展中国家青年就日本进行的问答》和《国际协力事业团青年邀请计划项目讲义提问集》。如果是读者您，又将如何回答呢？这些"谜语"请大家边娱乐，边思考吧。

下面是来日研修的发展中国家青年提出的疑问。空格里填什么？

1.日本人为何在□□里睡觉或读书看报？（泰国）

2.许多日本人好像没有宗教信仰，但为何□□率较低？（印尼）

3.日本街道上到处都是刊登有□□照片的杂志。为何政府不加以取缔呢？（泰国、中国）

4.经济大国日本的□□□□□是怎样产生的？（全部）

5.如此富裕的国家为何□□这么多？（菲律宾）

6.考试落榜后当□□是为何？（塞内加尔）

7.日本的大学生为何□□□？（韩国）

8.我看到地铁里有很多成人看□□，为何成人看儿童书籍呢？（中国）

9.据说在偏远的农村，有娶□□□做媳妇的农民，那有没有□□□女婿入赘的情况呢？（蒙古）

10.日本人是□□□，但为何在教堂举办婚礼呢？（印度）

发展中国家青年谜语的答案：

1.电车 2.犯罪 3.色情 4.无家流浪者 5.自杀

6.浪人 7.打零工 8.漫画 9.外国人 10.佛教徒

针对发展中国家青年提出的这些问题，各位读者也会认为这些疑问太出乎意料或认为这些情况本来就是理所当然的吧。其实，发展中国家青年的生活方式和思维方式才是认认真真的，反倒是生活在像日本这样的发达资本主义国家里的人们才有着某些疯狂之处。发达国家虽说经济上很富有，但并非所有的事情都只能由发达国家的人向发展中国家的人单向传授经验。发达国家的人们反倒有很多地方应当向发展中国家的人们学习。作为“JICA青年邀请项目”的寄宿家庭之一，接收了埃塞俄比亚青年的田中美穗说了如下一番话，强调了向对方学习这一态度的重要性：

（我）学习收获最大的就是他的人品、他的个性。据说在来日本之前，他也认为日本人都是“个人主义”。他和我都认识到双方在开放的思维、开朗、亲切、勤奋上有着共同之处。他学日语，我学阿姆哈拉语，我们拼命地互相学习对方的语言，告诉对方各自的文化，深刻地感受到只有通过异文化的交流才能了解对方的优点。（部分略）

四、从自己力所能及的事情做起

大家都知道JICA中有“青年海外协力队”（以20～39岁为对象）这一组织，其实还有“中老年海外志愿者”（以40～69岁为对象）这一制度。今后几年我们虽然即将迎来“团块一代”中的许多人退休，但还可以有效地利用退休后自由的时间和身份，奔赴世界各地，为提高中小企业的经营管理和企业文化水平做出自己的贡献。几乎在所有的国家里，中小企业都承担了大部分的就业。援助中小企业能给当地社会的稳定和发展做出重大贡献。

JICA派遣的专家当中，有不少人在偏僻的农村里独自生活，努力地工作着。1990年，笔者曾到距离甘肃省省会兰州六小时车程的一个叫岷县的小山村里做过调查。渡过几条没有桥梁的河流后，当时虽说还是10月份，但山坳里已有积雪。结满稻穗的稻子到处被人堆在路面上，等着汽车从上面压过去。入住的招待所里也无自来水，虽然有电，但一到关键的晚上7点就必定停电。除了从窗户眺望月亮外，什么也做不了。房间里没有厕所，必须要去外面的公共厕所。在仅用水泥板隔开的厕所下方，猪拱来拱去的。就在这个岷县也有JICA派来的日本专家长驻在此进行着农业指导工作。

笔者拜访岷县一个比较富裕的农户时，看到他们家新盖的平房里家用电器一应俱全。也许是作为一种身份的象征，他们竟然把因为没有自来水而无法使用的洗衣机供放在堂屋里。听这家老奶奶说还要时常留个人来看守着。她说自己有了孙子，现在很幸福。想到上世纪60年代初经济困难时期生活苦得甚至出现饿死的情况，笔者于是问她："那时你们吃什么？"她默默地指了指堆在院子里的稻梗。

2003年，笔者会见了日本对华无偿援助项目之一、由JICA派遣到安徽省指导初级保健医疗（primary health care）工作的日本医生，并对其进行了采访。当时的情况是日本给予中国的援助还不太为普通的中国人所知，这已成为一个问题，所以笔者对他们在体温计上写着"日本人民赠"的字样，以让大家知道这是日本援助的创意深表钦佩。在距离省会合肥三小时路程的一个山村金寨县，笔者参观了一所利用日本的"草根"无偿资金合作项目建成的小学。在这所靠日本援建的学校接待室里，马克思、恩格斯、列宁、斯大林的肖像与孙中山、毛泽东、周恩来、刘少奇、朱德、邓小平的肖像并排挂在墙上。即便如此，在看到学生们满心欢喜学习的样子后，笔者还是觉得这些援助充分地发挥了效果。援助和义捐并不是以被人感谢为目的，它的意义在于这一行为是否真的对当地的人们起到了帮助作用。返程时，正在课间休息的学生们都跑了出来，围着欢送我们。

关西经济联合会自1980年起就对东盟各国的企业和政府机构的

干部实施经营方面的研修培训。这是因为时任关西经济联合会副会长的松下正治在访问印尼时接受了印尼方面提出的该项目的实施请求。通过对东盟实施经营方面的研修培训，传授日式经营的优点，还教授生产管理和市场学方面的知识。在这30年间约有1000人接受了该项培训。培训者当中，还有人当上了泰国中小企业开发银行的总裁。从1987年起，对中国也开展了中国经营者研修培训。从2001年开始，由日中两国产（业）、官（方）、学（术）界有关人士参加的"日中经济研讨会"也正式启动。2009年，这一研讨会进一步升级为"关西日中商贸论坛"，集中在环境领域推进具体的商贸磋商和合作项目。

在大阪还有一家援助发展中国家、进行人才培养的非营利组织（NPO）——太平洋人才交流中心（PREX）。1990年主要靠97家民营企业和关西地区的六个地方政府捐助的33亿日元资金成立了这家机构。截止到2015年3月，总共接收了来自146个国家和地区的16283名研修生。作为研修中的一环，笔者也时常受邀授课，不由得对PREX工作人员的工作效率之高，以及他们为研修生服务的旺盛精力和奉献精神而感到钦佩不已。也许是由于这些由关西财经界派遣来的理事和调任者们所具备的商业头脑和工作人员对国际合作的热情使然，他们卓越的工作业绩受到了"外务大臣奖"等诸多表彰。来自发展中国家的研修生们也给予他们相当高的评价，如今在许多国家和地区都成立了PREX同窗会。这里也有从企业退休的老专家作为研修培训讲师进行以现场实践经验为基础的指导。PREX与JICA、JICE、海外技术者研修协会（AOTS）、国际交流基金，还有关西广域合作机构，关西的经济界、地方政府、市民团体的合作如果能够进一步深化，关西在将来也许会成为东亚共同体的人才培育基地。

鸟取县会见町（现南部町）的三鸭朝惠女士为了学习汉语在1985年年满65岁时去北京留学。战争期间，住在伪满洲国的三鸭得知了清水安三（后来的樱美林大学校长）夫妇在北京开办崇贞学园，致力于救济和教育贫困儿童的事迹后，被其吸引独自搬到了北京，在那里一边在公司上班，一边上中文夜校，这期间还结了婚。战争结束时，她同病弱体虚的丈夫以及还在吃奶的孩子一道历经艰险从中国大陆撤回到日本。此后就同中国完全中断了联系。

30多年后，遗留在中国的日本孤儿问题一经媒体报道，三鸭立刻对此感同身受。战争结束时从中国带回来的女儿当初如果弄错一步，也会身陷同样的境遇。三鸭在总想着为孤儿们做些什么的念头驱使下来到北京留学，从零开始学习汉语。她在与年轻人混编在一起的汉语班级里学习的障碍很大。一次学年末的考试中，答完题目的同学陆续离开了考场，最后留在教室里的只剩下三鸭一个人。面对因此深感歉意的她，年轻的中国老师热情表扬了三鸭专心致志的学习态度。

四年的北京留学生活结束后三鸭回到了日本，一直从事着日中交流活动。即使在她已80多岁高龄时，仍然活跃在给当地市民和小学生教授汉语、翻译、企业研修生培训的工作岗位上（《鸟取县政消息》2003年2月刊）。一次，警察委托她为一个中国青年担任审讯翻译。三鸭竟然忘记自己只是个翻译，而是用汉语对这位中国青年语重心长地说："你要好好想想你做这种事会让身在祖国的父母多么痛心啊。今后可绝对不能再沾染犯罪哟！"青年听后哭了起来。有些事确实是需要经过岁月的积淀后才能做到的。三鸭这样鼓舞我们：

希望大家不要认为自己年纪大了就不行了。如果有自己擅长的领域，无论何时都能精神饱满、神采奕奕地活着，还能为社会作出贡献。希望大家都能毫不犹豫地向令自己动心的事物发起挑战。

属于“团块一代”的许多人，一部分已经退休，剩下的也即将退休。即使是从三鸭的那个年龄开始做起，在现实社会里也是大有作为的，所以就算是退休后再致力于新的传递和平的活动也绝不算晚。

在大阪，担任NGO“绿色地球网络”组织秘书长的高见邦雄就是“团块一代”的一员。他在“学园斗争”[①]席卷全国之时从东京大学退学。此后，从20世纪90年代开始从事中国植树造林工程。要想在中国贫困的农村地区普及和推广植树造林，就要给农民带来经济效益。深刻意识到这一重要性的高见于是推广了杏树的栽培，最终取得了成功。下面就是高见说的话：

我认为把中国人当作朋友，对于我的人生来说是一个巨大的收获。如果没有同他（她）们相识，我的人生也许将会更贫乏、更平凡，并且更平平安安吧……世上虽有文韬武略的伟大人物（在日本已不存在），但毕竟是少数。而在广袤的中国，还有许多不轻言认输的人。这样的人在中国哪个地方都有，真的是“遍布天下”。

青年们也不逊于中老年，在努力发挥着自己的特长。栃木工业高中的学生们从1990年起每年都要到泰国的福利机构去修理轮椅，开展一项被称为“空中飞翔的轮椅”的志愿者活动。听说起初他们还被一些人恶语中伤地说“乡下的高中生能做些啥？”但这一活动至今已坚持了二十多年，所以相当的了不起。

冈崎祐吉自己和妻子都是交通事故造成的遗孤。冈崎负责扶助失去双亲的儿童继续完成学业的“足长育英会”的国际项目部。他还曾策划并实施了邀请10名伊拉克战争遗孤参加七国交流夏令营的活动。

有的青年觉得自己并不具备一个国际志愿者所能为别人提供帮助

①指日本的大学里有问题发生时，学生运动扩大后导致日常性、全校性的学生和大学之间的对立状态。多指特别是20世纪60年代末，起因于“全共斗运动”（东京大学的学生运动）的情况。这一时期甚至连高中和补习学校很多时候都处于斗争状态，也总称为学园纷争。——译者注

的那种特殊技能，于是便有什么也不做的消极退缩思想。还有的人认为去海外又花钱，遇上不测的几率又高，觉得国际交流等行为是不靠谱的。毫无疑问，和日本人里有坏人一样，外国人中当然也有坏蛋。并非是不加鉴别地和任何人都交往，而是如同结交日本友人一样，同自己内心里能够信赖的人交往就行了。为此，必须锻炼识人的眼光。如果每位日本青年在海外都有个互相信任的朋友，那么凭此就足以互相传递和平，成为阻止战争的巨大力量。

以仅靠雪橇横跨北极等壮举走遍世界而闻名的冒险家大场满郎在其首次海外旅行中似乎也是非常胆怯的（《朝日新闻》2000年7月18日）：

抵达巴黎的奥利机场时，（我）不知道自己的背包在哪里取，语言也不通，我这27岁的男子汉于是就哭了起来。这时，一个回国途中的日本人向我打了声招呼。我抓着这人的西装没松手。他对我说："一起回日本吧！"我一度点头答应了。但如果上了公交,就能到巴黎的市中心。于是我重新打起精神，战战兢兢地上了公交。这就是我冒险的第一步。

虽说是国际交流，但完全无须大张旗鼓。可以从以游客的身份去海外，同当地人用磕磕巴巴的外语进行交谈开始。即便不是特意去国外，在日本国内也有从事日语教师的志愿者活动，或与留学生和研修生进行交流。拿出勇气，首先尝试着迈出第一步吧！

五、日本应遵循的东亚发展模式

2011年3月11日发生的东日本大地震和巨大海啸给日本带来巨大的损失。特别是东京电力公司所属的福岛第一核电站发生的事故给周边地区带来了致命的灾难。所有的核反应堆丧失冷却用电源，导致了堆心熔融。按照国际核事故分级系统（INES）的标准来看，1～3号机组为7级（严重事故），4号机组为3级。7级是与切尔诺贝利核电站事故相同，达到了极其危险的程度。而且，切尔诺贝利核电站事故仅有一个核反应堆，而福岛核电站则有3座核反应堆都达到7级。为了逃离受放射线污染的地区，近10万人不得不搬离住惯了的家园，丧失了故土。

核电站事故发生之后，受到放射性污染的空气和海水排向了世界。据日本的气象研究所“全球模式”的模拟实验表明，碘131和铯134、137等放射性物质会随着偏西风和低气压漩涡向高空扩散。在太平洋主要向北扩散，经过俄罗斯远东地区和美国阿拉斯加附近，于3月17日左右飘散到美国的西海岸，3月24日左右几乎环绕地球一周。这些放射性物质的大部分会随着大气环流，中途变成雨水降落下来，推测碘131排放量的大约65%左右会降落到海洋里。（《日本经济新闻》2011年11月7日）

福岛核电站事故已经过去三年多了，但日本至今仍未控制住事态的发展。特别是1～3号机组释放的放射线数值高到人一旦靠近，就会立刻死亡的程度，现在仍然处于作业人员无法靠近的状态。预计福岛第一核电站所有核反应堆的清除作业全部完成需要花费40年的时间。

在这一现状下，福岛核电站又发生了使事态进一步恶化的事故。由于地下水的渗入，造成放射性污水的增加。1～4号机组反应堆厂房内每天约有400吨的地下水渗入，受到放射性物质的污染。这400吨污水本应保存在地上储水罐和地下储水槽里。然而，由于配电盘短路，相继发生冷却设备停止工作和地下储水槽污水泄露等事故（《朝日新闻》2013年4月8日）。此外，储水罐的容量仅为38万吨，目前已经储存了32万吨的污水，已经没有多少余量了。虽有计划在2016年以前将之扩容到80万吨，但必定也是几年后就会装满。

除此以外，还确认了在流经厂房周边的地下水中，每日约有300吨的地下水被含放射性物质的土壤污染，而未经处理就直接排入海洋中。估计此放射性污水的排放是自福岛核电站事故发生后就已经开始了（《朝日新闻》2013年8月8日）。尽管东电公司在2013年5月份就已经掌握了该事实，但直到7月中旬的参议院选举结束后才予以公布。东电公司这一垄断企业所带有的隐瞒和不负责任的企业文化一点儿都没有改变。为解决放射性污水的处理、放射性污染地区的治理、向居民的赔偿、核电站反应堆的关闭等问题的所需费用据推测合计达到10万亿日元。这一巨额数字毕竟不是东电公司这一家企业能够承担得起的，最后肯定是纳入到国家财政项目当中。然而，自民党政府对此问题的应对却拖沓不已。2013年7月夺取政权后，不仅积极地推动核电站的重启，而且还是在放射性污水的排放问题被媒体曝光后才表示要着手进行处理。从这些问题可以看出核能发电无论是从技术上，还是从经济上都不是一个可以人为控制的发电方法。

总而言之，日本由于福岛核电站事故给世界海洋和大气造成了放射性污染。并且，在目前核电站事故还无法最终处理完毕的阶段，以自民党和财经界为主的利益团体就积极地行动，想重启核电站。即便在所有的核电站全部停止运转也能够满足日本的电力需求的情况下，却仍执着于重启核电站。其理由据说是为了日本电力的稳定供给。他们完全无视福岛核电站事故给世界环境造成重大污染这一日本所应背负的责任。在他们的眼里有的只是眼前的利益、本国的利益。日本目前的这一形象显得贪欲十足、卑鄙可耻。

在欧美，“脱核电站”已经成为主流，而在亚洲却有增建核电站的倾向。日本在利用太阳能和风力等自然能源的发电技术，利用发电、输电损耗较少的所谓“能源农场”（ENE·FARM），即燃料电池的家庭用小型发电机，以及混合动力汽车和燃料电池汽车等节能技术领域里处于世界领先的地位。日本如果能够转变到“脱核电站”的道路上来，那么日本在亚洲市场上不仅能够获得长期、巨大的商机，同时还能为亚洲的环境保护做出巨大的贡献。

日本所应遵循的东亚发展模式就在于“脱核电”和构筑社会性的共同资本，并通过日本式的经营和企业文化的本地化在东亚的地区社会里建设广义的和平。受优先经济发展的思维驱使，中国的环境污染日益严峻，收入差距不断扩大。如果想要中国发生改变的话，日本也要必须改变自己的态度。

2014年3月，笔者旅行去了孟加拉国首都达卡，是为了探望和商社职员的丈夫一道长驻在那里的女儿和外孙。众所周知，孟加拉国是世界上最贫穷的国家之一。贫困、收入差距过大、失业、教育的落后、通信运输系统及基础设施的不完善等，这些发展中国家面临的难题，孟加拉国也全部都有。在该国，由2006年度“诺贝尔和平奖”获得者——穆罕默德·尤努斯创办的农村小额金融机构（格莱珉银行）也很有名。

作为一个独立国家，孟加拉国的历史还不长。1947年从英属领地的印度分离出来归属巴基斯坦。之后，因东、西巴基斯坦之间的对立激化，这一地区最终于1971年独立，成为孟加拉国。其独立斗争也是相当悲惨的，包括知识分子等在内的许多人为此而牺牲。独立后的政治斗争也是持续不断。1975年，“国父”穆吉布·拉赫曼（Mujibur Rahman）

和家人一起被暗杀。军事政权持续一段时间之后，该国实施了民主选举，但是各自继承了对立军事政权衣钵的民族主义党（BNP）和人民联盟（Awami League）之间的分歧和争执相当严重。被称作“哈鲁塔鲁”（即大罢工）的民众抗议活动频发，再加上政治家的贪污腐败等，国家政局总体上不太稳定。

在孟加拉国生活的日本人看来，当地人亲日，性格温和稳重、和蔼可亲。孟加拉国也是日本政府开发援助（ODA）的重要对象国之一，对其援助金额位列印度、越南、印尼之后的第四位。甚至据说对孟加拉国的民众来说最为熟知的日本机构就是日本国际协力机构（JICA）。行驶在达卡市内的汽车几乎都是日本产的二手车。在市区内还有由当地财团纳瓦纳集团（NAVANA）出资，由丰田通商来进行销售管理的丰田汽车4S店。

在孟加拉国，包括常驻人员的家属在内，大概有500名日本人（仅达卡一地就有大约400人）。对于他们来说，当地存在着食品和饮用水的安全问题，还有蚊子和蟑螂肆虐等带来传染病的恐慌，以及医院的设施不齐、医疗水平低下、不管昼夜还总是停电等种种烦恼。酷暑季节里也多次停电，白天停电一个小时就会热得受不了。即便是从日本寄来的生活物资，也往往到不了本人手中（如果使用DHL、OCS这类外资快递公司还是能够送到的，但对于寄送生活物资来说，运费和关税则太过昂贵）。不要说生活物资了，就是笔者从日本邮寄的明信片，一张寄给家里，一张寄给公司，结果也全都没收到。

孟加拉国贫富差距也是相当巨大。少数的有钱人住在豪宅里，过着被多个佣人伺候的生活。而许多人却住在贫民窟和露天之下。孟加拉国的国会大厦是由世界著名建筑家——路易斯·卡恩（Louis

Isadore Kahn）设计的现代化建筑。它和旁边的议员宿舍一起，在达卡市内一片混杂的居住环境里创造出一块截然不同的静谧的异质空间。从这里，我们能够感受到权力阶层的奢靡生活与平民的困苦生活之间存在的巨大隔阂和差距。

孟加拉国的国土面积相当于日本的40%，却生活着相当于日本人口1.5倍的1.5亿～1.8亿人（目前还没有确切的人口统计数据），所以人口密度极高。达卡的老城区是莫卧儿王朝时期（Mughal Empire，1526～1858年）的中心地带。白天，这里的人流、人力车和汽车互相拥挤，根本无法动弹。从街道上的高压输电线上牵引出几十根电线，分别向住在公寓里的各家各户送电。据说还有很多偷电的情况发生。汽车因交通堵塞一旦停下来的话，残疾人、老人、小孩、母子等形形色色的人就会靠近车旁来乞讨，所以还不习惯当地情况的外国游客见此情形会觉得如坐针毡，都不敢抬起头来。老百姓使用的主要交通工具是人力车（有脚踏人力自行车和三轮摩托机动车之分）和公共汽车。行走在市内的公交车的车窗是破损的，车身也破烂不堪，驾驶座上的仪表盘也都生了锈，布满了灰尘。

从日本到孟加拉国的来回途中，笔者分别在泰国曼谷住了一宿。都说在孟加拉国得了重病的日本人都会去泰国的医院看病，和孟加拉国比起来，泰国的各种基础设施和制度都较为完善，曼谷看起来也更像个现代化的大都市。地铁（MRT）、轻轨（SkyTrain BTS）以及连接素万那普国际机场和曼谷市中心的高铁（ARL）都已开通，客流和列车的运行也井然有序。1997年亚洲金融危机时，曼谷市内建设中的高架铁路和高速公路的线路在同一高度上碰线干扰，由于当时财政危机和行政管理上的条块分割使得工程被迫停工的事情至今都无法让人相信。当时的曼谷，交通堵塞问题十分严重，空气也受到污染，如今有了相当大的改善。曼谷的城铁运行项目是由日本的丸红商社和JR东日本铁道公司共同承包的。通过商业合作的形式，日本为发展中国家的经济发展和社会稳定作出贡献是相当可行的。

泰国是日本在东南亚地区最大的贸易伙伴国，2013年两国间的贸易总额约为570亿美元。泰国也是日本汽车产业和机电产品的零部件供给基地。所以当2011年由于曼谷遭受严重的洪涝灾害后，许多泰国的日本企业被迫停产，最终导致了全世界的日本工厂的减产。截至2014年2月，在泰国投资的日本企业已达3924家，生活在泰国的日本人有10万人之多。

另一方面，泰国经济的发展虽然相当显著，但其政局一直不稳。在1992年转变为文官主政的政治体制之前泰国发生了数次军事政变，直至1992年政权最后被军队移交给重新举行大选后组阁而成的新政府。即便实现了民主选举，泰国的政变依然不断。2006年和2014年，为了结束因游行示威和静坐等造成的社会混乱，发生了由泰国军队掌控政治实权的事态。政府一方的他信派别同反政府一方之间的对立归根结底在于贫富悬殊、围绕权力的特权斗争以及贪污腐败等问题上。要想保持泰国的国家政治和社会经济的稳定，泰国的国民必须长期不断地进行坚忍不拔的努力。

为了东亚地区的和平与稳定发展，日本在国际合作及经济文化交流的领域里还有很多地方能够发挥自身的作用。

主要参考文献

第一章

三浦久：《令人追忆的60年代的加利福尼亚——全部出自Bob Dylan的歌》，平凡社新书，1999年。

丰下楢彦：《何谓<日美安保条约>中的“平等性”》，《世界》2009年11月刊。

开高健：《透亮的黑暗》，新潮文库，1982年（1968年初版）。

广濑隆：《资本主义崩溃的主谋者们》，集英社新书，2009年。

奥村宏：《股票的诡计》，平凡社新书，2006年。

坂田雅子：《花儿去哪了——遭受枯草剂毒害的格雷格的生与死》，Transview，2008年。

武阮甲著，真保润一郎、三宅蕗子译：《人民的战争、人民的军队——越南人民军的战略战术》，中公新书，2002年（原版1961年）。

石川文洋：《我看到的战争》，新日本出版社，2009年。

武内进一：《现代非洲的纷争和国家——后殖民主义家产制国家和卢旺达的种族灭绝》，明石书店，2009年。

Katri Merikallio著，胁坂纪行译：《构筑和平的事业——芬兰前总统阿赫蒂萨里和亚齐和平谈判》，明石书店，2007年。

司马辽太郎：《难忘故乡时》，文春文库，1976年。

南博：《日本人论——从明治到现在》，岩波现代文库，2006年（1994年初版）。

築岛谦三：《〈日本人论〉中的日本人（上）》，讲谈社学术文库，2000年。

石泽靖治：《日本人论、日本论的系谱》，丸善Library，1997年。

小仓和夫：《东西文化摩擦》，中央公论社，1990年。

中根千枝：《纵向社会的人际关系》，讲谈社现代新书，1967年。

杉本良夫：《能放弃做日本人吗？》，朝日文库，1996年。

仓地晓美：《多元文化共生的教育》，劲草书房，1998年。

Edwin Oldfather Reischauer、Haru Reischauer著，入江昭监修：《Reischauer大使日记》，讲谈社学术文库，2003年（1995年初版）。

第二章

熊仓功夫：《作为文化的礼仪》，岩波书店，1999年。

寺谷弘壬：《创造国际感觉——异文化理解的建言》，时事通信社，1998年。

M.K.Sarma著，山田和译：《丧失的国度、日本—印度商界精英人士的“日本体验记”》，文春文库，2004年。

伊藤雅雄：《一行中国客人的投诉——与中国游客顺利打交道的秘诀》，三修社，2009年。

青树明子：《日中商贸摩擦》，新潮新书，2003年。

T.Morrison、W.A.Conaway、G.A.Bawden著，几岛幸子译：《世界比较文化事典》，Macmillan Language House，1999年。

JETRO编：《知晓为好的世界礼仪》，日本贸易振兴会，2003年。

企业校友笔友俱乐部编著：《善于同外国人交往的国际礼仪常识事典》，学习研究社，1994年。

北康利：《白洲次郎 背负占领责任的男人》，讲谈社，2005年。

金大中：《数次穿越生死线》，千早书房，1998年。

片山松造、岸田忠之编：《神户大学国际文化学部讲义录·来自汽车相关产业的国际化和异文化交流》，Youth，2004年。

今井康夫：《美国和日本人——教科书讲述的“强大的个人”和“亲切的一员”》，创流出版，1990年。

桥本健二：《贫困的连锁——扩大的差距和下层阶级的出现》，大和书房，2009年。

和田一夫：《从大失败中总结的商业学》，角川书店，2002年。

艾伦·埃伦霍特著，冈村二郎监译：《失去的城市》，行政出版社，2002年。

小池直人、西荣子：《福利国家丹麦的城市建设——共同市民的生活空间》，鸭川出版，2007年。

陈惠成主编：《汽车摩托车驾驶员考试指南》，江苏科学技术出版社，1979年。

三户祐子：《定时发车》，交通新闻社，2001年。

第三章

中岛罗莫：《西方冗土——关西帝国的荣光与衰退》，集英社文库，1994年。

江弘毅：《街场的大阪论》，Basilico，2009年。

前垣和义：《快看！——大阪的大婶学》，草思社，2005年。

中岛罗莫：《我走过的城市和我能走过的城市》，集英社文库，1997年。

嘉田由纪子口述，古谷桂信著：《按生活环境主义去做——热爱琵琶湖的知事》，岩波少年新书，2008年。

和辻哲郎：《古寺巡礼》，岩波文库，1979年（1919年初版）。

正冈子规：《病榻六尺》，岩波文库，1927年。

松冈正刚：《所谓日本的方法——表象·变迁的文化》，日本放送出版协会，2006年。

小岛丽逸：《中国的经济和技术》，劲草书房，1975年。

赤坂宪雄：《东西·南北考——流传到日本的几个文化事物》，岩波新书，2000年。

花崎皋平：《同一性和共生的哲学》，平凡社，2001年。

鹤见俊辅：《战后日本的大众文化史　1945～1980》，岩波现代文库，2001年（1984年初版）。

第四章

丰下楢彦：《何谓“尖阁问题”？》，现代岩波文库，2012年。

坂口安吾：《堕落论》，角川文库，2013年（1957年初版）。

读卖新闻战争责任检证委员会：《检证　战争责任Ⅰ》，中央公论新社，2006年。

阿川弘之、半藤一利：《新发现〈小仓侍从日记〉之迷》，《文艺春秋》2007年5月刊。

德富苏峰：《德富苏峰终战后日记——顽苏梦物语》，讲谈社，2006年。

松本健一：《日本的失败——“第二次开国”与“大东亚战争”》，岩波现代文库，2006年。

堀田善卫：《在上海》，集英社文库，2008年。

保阪正康：《解读昭和的战争——无战争观的和平观》，中公文库，2006年。

半藤一利：《昭和史战后编》，平凡社，2006年。

富士信夫：《我看到的东京审判》，讲谈社学术文库，1988年。

山田风太郎：《人死万事消》，PHP文库，2006年。

粟屋宪太郎：《东京审判论》，大月书店，1989年。

木下顺二：《神与人之间》，讲谈社，1972年。

高杉一郎：《极光的阴影下 西伯利亚俘虏记》，岩波文库，1991年。

《乙、丙级战犯审判——读其证言》，《日本经济新闻》2009年8~9月连载报道。

三土修平：《靖国问题的原点》，日本评论社，2005年。

高桥哲哉：《靖国问题》，筑摩新书，2005年。

星亮一：《会津战争全史》，讲谈社选书Métier，2005年。

每日新闻“靖国”采访组：《靖国战后秘史——合祀甲级战犯的男人》，每日新闻社，2007年。

城山三郎：《火红的落日》，新潮社，1974年。

朴裕河：《为了和解——教科书、慰安妇、靖国神社、独岛》，平凡社，2011年。

第五章

清川雪彦：《近代缫丝技术和亚洲——技术引进的比较经济史》，名古屋大学出版会，2009年。

Jacek Fedorowicz、工藤幸男著：《共产圈内的快乐生活法》，新潮社，1983年。

西田健一：《浪速商人中国奋斗记》，讲谈社，2005年。

小岛正宪：《中国现实的工作内情》，乐书馆，2007年。

稻叶利彦：《以15亿人为伴——中国头号百货店天津伊势丹的秘密》，光文社，2007年。

平野隆彰：《创造夏普的男人 早川德次传》，日经BP社，2004年。

高桥基人：《在中国销售空调》，草思社，2005年。

增田英树：《无阶级国家的差距——谁都不知的中国劳动内情》，教育评论社，2009年。

石原享一：《通过给中国青年授课所传授的知识以及所学到的知识》，*JICE* 2004年1月刊。

日本国际协力中心国际交流部编：《青年邀请项目（中国）〈交流报告〉（1995）》，国际协力事业团研修事业部青年邀请课，1996年。

大野力：《日本人为何？同发展中国家青年就日本进行的问答》，Three A Network，1998年。

《平成11年度国际协力事业团青年邀请事业项目讲义提问集》，日本国际协力中心国际交流部交流课（非卖品），1999年。

高见邦雄：《咱村的杏树结果了——中国植树造林项目的10年》，日本经济新闻社，2003年。

吴晓波：《激荡三十年——中国企业1978～2008（上、下）》，中信出版社，2008年。

童一秋、记康保编：《诚信中国——中国企业信用危机报告》，中国盲文出版社，2002年。

中国企业文化促进会编著：《中国企业文化建设调查研究报告：2007～2008年》，中国经济出版社，2008年。

刘东：《蒙牛十年：不完美的奇迹》，企业管理出版社，2010年。

柯志雄：《中国奶业深度调查报告》，山西经济出版社，2009年。

孙力：《竞底：中国企业之殇》，山西经济出版社，2009年。

后记

笔者自2013年4月起，在位于北海道札幌市的北海商科大学里承担了《东亚的动向》、《日本近代和亚洲》和《东亚的商机》等课程的教学。在此之前，则在神户大学教授《文化交流概论》、《经济文化交流论》等课程前后长达17年。对在此期间出席课堂和研讨会，鼓舞笔者，并给予了热情感想和崭新见解的各位学生、研究生、留学生深表谢意。如果没有他（她）们，本书无法完成。

上了年纪后，接到关于学长、友人、亲人讣闻的情况也多了起来。内心里觉得突然有了空洞。2008年春天，溘然而逝的庆应大学教授小岛朋之就是其中一人。在笔者长驻北京期间，我们连家人在内都互有来往。在工作单位里，我们两人的办公桌并排摆放，私交上也是网球球友。在北京机场，中国民航的空姐随班机携带了许多的日本家用电器，而小岛他们一家的行李在等待多时之后才发现有一件被工作人员遗落在了成田机场。小岛从西单的百货店里买了一辆中国产的自行车后在骑回家的半路上脚蹬子就掉了，于是回头去找商店投诉时，反被商家责怪是他自己没上紧螺丝。小岛先生在中国长驻期间遇到的麻烦数不胜数，但他总是呵呵的一笑了之。

在白帝出版社送来本书日文初稿的校正样本时，我家被盗了。据前来调查的警察说当天有五家左邻右舍接连被盗。好像窃贼只在乎现金，放在抽屉里的文件和信封则散乱地丢弃在榻榻米上。令我有些吃惊的是窃贼从破损的信封里只抽走了大额面值（1万日元）的纸钞，而留下了小额面值（1000日元）的纸钞。是如今的窃贼都富得连小额纸钞也瞧不上了，还是他可怜我家太穷，想给我留一点儿……现场勘查过程中，笔者自己的双手都被警方提取了十指指纹和掌纹，好像我们是罪犯一样。人生，无论到了多少岁，文化冲击的缘由都源源不尽。

本书日文版是以《文化摩擦与日本人——何谓和平的礼法》为题，由日本白帝社出版发行的。在此，对爽快地答应将此书译成中文版并在中国出版发行的白帝社深表谢意。值本书的中文版出版之际，为使中国读者易于理解，笔者对若干内容进行了增加和修改，但内容上没有太大的变动。

本书的中文版仰赖许多人士的大力支持才得以出版。首先要感谢的是梁憬君女士。她将许多涉及日本文化、习俗等难以翻译的地方，认真细致地译成了中文并加上了详细的注解。这是笔者继前一拙著《世界往何处去》之后，再次委托梁女士翻译的第二本书。一直以来，笔者对她认真负责、一丝不苟的工作态度深表钦佩。

其次要感谢的是，同前一拙著一样为笔者多方寻找、协调中方出版社，现任中国期货协会副会长，同时还兼任中国农业大学教授的常清先生。他曾在中国国务院发展研究中心任职，是上世纪80年代起，笔者在日本亚洲经济研究所任职时就结识的老朋友。

最后，世界知识出版社的编辑们对本书稿进行了细致的审阅，并事无巨细地给予了宝贵的建议。与前一拙著一样，如果没有世界知识出版社的支持，本书无法问世。特在此表示感谢。

目前的日中关系处于1972年日中邦交正常化以来的最低潮。日中两国互为一衣带水的邻国，且历史上的交流源远流长。如果仅仅只是因为政府一时欠缺思考的行为而互相敌对的话，是非常令人遗憾的。不能任由好恶喜厌的感情操控，重要的是遵循“知彼，且让彼也知己”这一理性思维。为此，必须在两国各界各阶层之间增进相互理解和相互交流。本书如能促进日中两国间的相互理解与共存共荣，笔者将深感欣慰。

本书各章节中介绍的各种小插曲，都是笔者个人体验的文化摩擦经历。由于个人了解所限，难免有不够准确与全面之处，还请读者加以谅解。此外由于本书所记述的事情主要发生在20世纪八九十年代，所以部分内容与当今的现实情况会有不符之处。但是，笔者认为，文化摩擦始终无时无处地存在着。笔者想通过本书向各位读者传达的思想是，无论是对哪个国家的人，只要用真挚的感情与之相处，就一定会与其心心相通。

译者说明

因本书内容有许多涉及作品、事件、人物、学说、文化等方面的词汇，为使中国读者易于理解，译者对一些中国读者或许会略感生疏的相关词汇做了简要的注释说明。在添加注释时，译者在参考各类中外文书籍、资料、论文、报刊，以及中日文网络信息的基础上，进行了一定的整合。鉴于说明过于繁杂，请恕在此不一一标明资料来源。

由于译者本人的学识和翻译水平所限，出现错误在所难免，恳请各位读者予以指正。

本书出版除获得中央高校基本科研业务费专项资金资助（项目批准号：2015VI039）以外，还获得了常清教授的鼎力支持，在此特表感谢。

图书在版编目(CIP)数据

世界凭什么和平共生/（日）石原享一著；梁憬君译. -北京:世界知识出版社,2014.12

ISBN 978-7-5012-4790-5

Ⅰ.①世… Ⅱ.①石… ②梁…Ⅲ.①社会科学-研究 Ⅳ.①C0

中国版本图书馆CIP数据核字(2014)第287923号

「文化摩擦と日本人—平和の作法とは」日文原版于2010年在日本由白帝社出版
中文简体版于2014年独家授予世界知识出版社

图字：01-2014-5725号

责任编辑 张迎辉
责任出版 赵 玥
责任校对 陈可望

书 名 世界凭什么和平共生
Shijie Pingshenme Heping Gongsheng

作 者 [日]石原享一
译 者 梁憬君
出版发行 世界知识出版社
地 址 北京市东城区干面胡同51号（100010）
电 话 010-65265923（发行） 010-85119023（邮购）
010-65233525（编辑）
网 址 www.wap1934.com
印 刷 北京京科印刷有限公司
经 销 新华书店
开本印张 880×1230毫米 1/32 6½ 印张
字 数 180千字
版次印次 2015年8月第一版 2015年8月第一次印刷
标准书号 ISBN 978-7-5012-4790-5
ISBN 978-4-86398-009-9
定 价 26.00元